社交话中话

张笑恒◎编著

SHEJIAO HUA ZHONG HUA

北京工业大学出版社

图书在版编目（CIP）数据

社交话中话 / 张笑恒编著 . —北京：北京工业大学出版社，2017.7
ISBN 978-7-5639-5526-8

Ⅰ.①社… Ⅱ.①张… Ⅲ.①社交礼仪—通俗读物 Ⅳ.① C912.12-49

中国版本图书馆 CIP 数据核字（2017）第 134820 号

社交话中话

编　　著：张笑恒
责任编辑：翟雅薇
封面设计：点滴空间
出版发行：北京工业大学出版社
　　　　　（北京市朝阳区平乐园 100 号　邮编：100124）
　　　　　010-67391722（传真）　bgdcbs@sina.com
出 版 人：郝　勇
经销单位：全国各地新华书店
承印单位：三河市冠宏印刷装订有限公司
开　　本：710 毫米 ×1000 毫米　1/16
印　　张：14.5
字　　数：226 千字
版　　次：2017 年 7 月第 1 版
印　　次：2017 年 7 月第 1 次印刷
标准书号：ISBN 978-7-5639-5526-8
定　　价：29.00 元

版权所有　翻印必究
（如发现印装质量问题,请寄本社发行部调换　010-67391106）

前言

在人与人的交往中，很多时候，人们出于各种原因和目的，不会直接说出自己的想法。人们也难免会因为不能正确地理解别人的真实想法而受到伤害。因此，人们需要训练自己眼光的穿透力，对别人的深层心理有一个大致的了解，不要在批评你、捉弄你的时候，你还以为对方是在夸你、恭维你。

初次见面的人，明白对方话中隐藏的真实含义，可以帮你快速找到打动对方的方法，扩展自己的人脉；读懂场面上朋友的客套话，可以帮你减少对别人产生不必要的期望；在闲聊当中听懂别人的弦外之音，可以帮你辨别一个人是否适合做朋友；求职时，识破面试官话里的真实意图，可以帮你提高面试成功率，从而成功就业；看穿一个人说话习惯背后所隐藏的心理特征，可以帮你更好地把握与人交流的方式；了解别人赞美你背后隐藏的真实意图，可以有效避免你犯一些不该犯的错误；了解男女话语背后不同的含义，可以帮助你减少一些错误的决定。

或许这时候会有人说"人心难测"，这些我们怎么可能做得到呢？"人心难测"这句话说的不错，但是我们常常把重点放在了"难"上，却往往忽视了人心的可测性，不可测的事物是没有难易之分的。因此说想要猜透人心并不是不可能的，但是这需要一定的技巧方法和经验积累。

交谈是人与人之间最常用也是最直接的交流方式，因此，与对方交谈就成了看透人心的第一条捷径。或许很多时候，不管我们怎么引导，对方都不愿意说出自己心里的话，但是我们可以通过对方的话语内容、语气等方面猜测出对方的部分心理状态，为认清对方的为人，确定下一步的交流战略打好基础。

客套话是社交活动中一项常见的交流方式，也是比较容易辨别的一种语言方式。比如，很多人都知道，过多地使用客套话或者是客套话过多的人往往是别有用心。

眼睛是心灵的窗户，眼神是看透人心的第二条捷径。很多文学作品中也会用"正说着，他的眼睛突然一亮……"来说明一个人对对方的话题产生了强烈的兴趣，也常常用"眼神黯淡"来说明一个人对对方的话题不感兴趣或者不愿意提及了。

人们下意识的肢体动作在无声中也会给我们传递不少有用的信息。人可以在语言上撒谎，却很难在肢体动作上撒谎，因此从一个人的姿态和动作分析一个人的内心世界，准确性往往是比较高的。一个社会经验丰富的人，总是善于通过对方的身体语言来判断他的真实想法，而不是对方说什么就认为是什么。当你与别人交往的时候，也要留心对方的身体语言，以免会错了意或者受到对方的欺骗。

握手是社交礼仪中不可或缺的一部分，我们也可以通过与对方握手的方式来了解一个人心理的微妙变化。比如说，一个人握手时手心的温度、握手的力度、握手时间的长短和握手方式等，都可以反映一个人的心理状态。政治家们有时候也会通过握手这个简单的动作，把心中所想表现的含义显露出来。

我们也可以通过一个人谈论的话题了解对方的真实想法和意图。比如说，单位里给了你一个出国深造的机会，另外一位同事也想去，但是却因为名额有限而去不了。这时，当别人安慰他时，他会说："那鬼地方谁愿意去啊？去了也是自己给自己找罪受，还是老老实实待在国内好，离家近，有个什么事儿也好照应。"或许很多人会觉得这位同事心胸开阔，凡事都能想得开，又开朗大度。但是一些有着丰富社会经验或者懂一点心理学的人就会明白，他在这么说的时候，内心其实是非常难过的。这些言辞一方面有着"吃不到葡萄就说葡萄酸"的意味，另外也是对自己的一种自我安慰。

听人说话，不能只听表面的意思或者是只听不看。在与别人交谈的过程中还要细心观察对方的小动作，多想想对方说的话里是不是暗含玄机、另有目的。

　　本书就通过一些在生活中特别是交往中常见的话中话，结合现实生活中的案例，帮你做一个更加"懂事"的人。希望阅读这本书的人，可以在职场上少一些障碍，多一些顺畅；在情场上少受一些蒙蔽，多一分经营爱情的智慧；在朋友圈里更加惹人喜爱、受人欢迎，同时也迅速交到更多的朋友。

目录

第一章　初次谋面，一见如故还是话不投机

1. 言辞过恭，必怀戒心 …………………………………………………… 2
2. "可能是这样"其实是"我不这么想" …………………………………… 4
3. 对方的冷淡沉默，暗示对你的话题不感兴趣 ………………………… 6
4. 通过对方听的表现，来判断他对你的态度 …………………………… 8
5. 对方忍不住打断你，可能是对你不耐烦了 …………………………… 9
6. 当别人推脱说有事，就别再纠缠下去了 ……………………………… 12
7. "可是……"是听不进去的表现 ………………………………………… 14

第二章　场面上的客套话，何必太当真

1. 有些赞美是出于礼貌而非真心 ………………………………………… 18
2. 酒桌上的客套话，可听但不可信 ……………………………………… 20
3. 不随便许诺，也不迷信别人的承诺 …………………………………… 22
4. 认清真谦虚还是假客套 ………………………………………………… 24
5. 客套话说的牵强者别有用心 …………………………………………… 26
6. 朋友的附和，不一定是真的赞同你的观点 …………………………… 28

第三章　闲聊时，要听懂别人的话外音

1. "事后诸葛亮"多为虚荣心作祟 ………………………………………… 32
2. 喜欢自嘲的人更自信 …………………………………………………… 33
3. "告诉你个秘密"所隐含的心理技巧 …………………………………… 35
4. "我是为你好"，实际是为了自己 ……………………………………… 37
5. 喋喋不休的人浮躁 ……………………………………………………… 39
6. 爱发牢骚的人苛求完美 ………………………………………………… 41

第四章 求职，识破面试官话里的真实意图

1. 听懂面试官的"话外音"，顺水推舟表现自己 ·············· 44
2. 面试官的客套话，你听懂多少 ······························ 46
3. 根据提问，判断面试官的个性和好恶 ······················ 47
4. 识破面试官激将法的真实意图 ······························ 49
5. 当考官问"能谈谈你的缺点吗" ···························· 51
6. 面试官最爱设的五个圈套 ··································· 53
7. 面试官的沉默意味着什么 ··································· 56
8. 面试官问你离职的原因是想了解什么 ······················ 58
9. 当面试官问你"还有什么问题要问吗" ··················· 60

第五章 穿越语言迷雾，看穿他心中的鬼

1. 以忙为借口拒绝你的人可能只是需要你再三邀请 ········ 64
2. 强调和你有某些共同点的人，是为了博取你的好感 ····· 66
3. 向你询问第三者意见的人其实是想知道你的意见 ········ 68
4. 嘴上说"欢迎提意见"的人可能心里并不想听到你的批评意见 ····· 70
5. 特意强调"巧合"的事可能是有意为之的 ················ 72
6. 坦白"我的性格不太好"的人其实相当自恋 ············· 74
7. 口头禅背后隐含的心理意义 ································ 76
8. 所有的口误都是潜意识的流露 ···························· 78
9. "某某真了不起"表示了要超越的决心 ··················· 80

第六章 警惕！好话背后也许另有企图

1. 好话未必是出于好心 ·· 84
2. 陌生人的高调赞美，你要多个心眼 ······················· 86
3. 花言巧语背后的阴谋 ·· 88
4. 借第三者之口来赞美你的人未必是善意的 ··············· 91
5. 先用温柔体贴的话赞扬你的人，目的可能是为了批评你 ····· 93
6. 过于热情的话语要谨慎听 ··································· 95
7. 萍水相逢的人的承诺不可轻信 ···························· 97
8. 小心！交情不多的朋友突然和你说起了心里话 ········· 100

第七章 谎言，识破不必点破

1. 说谎者的情绪有什么变化 ································· 104

2. 不要轻易拆穿男人的谎言 …………………………… 106
3. 喜欢吹牛的人其实很自卑 …………………………… 108
4. "听我解释"其实就是在说谎 ………………………… 110
5. 理解别人善意的谎言 ………………………………… 111
6. 别人的心思看破不点破 ……………………………… 113
7. 让对方说出实话的妙招 ……………………………… 115

第八章 别人委婉的拒绝，你听懂了吗

1. 你爱她，她却想让你知难而退 ……………………… 120
2. 不主动拒绝，小心对方和你玩暧昧 ………………… 122
3. 朋友不想答应你的请求，但又不想伤了和气 ……… 124
4. 不想借钱给你的朋友怎么说 ………………………… 126
5. 同事不积极，也许你的请求不合理 ………………… 128
6. 领导想拒绝你的加薪，但又不想影响你的情绪 …… 131
7. "要不您再坐会儿"，其实是在下逐客令了 ………… 133

第九章 "别伤害我的面子"，别人不说你也要懂的忌讳

1. 没人喜欢被你指责，就算你是好意 ………………… 136
2. 不能故意渲染和张扬对方的失误和不足 …………… 138
3. 不要拿别人的隐私开玩笑 …………………………… 140
4. 坚决不说风凉话 ……………………………………… 142
5. 不要轻易揭别人的"老底儿" ………………………… 144
6. 反驳的理由再充分，也不可咄咄逼人 ……………… 146
7. 失意人面前不谈得意事 ……………………………… 148
8. 如何拒绝请求，又不伤对方面子 …………………… 150

第十章 沟通中如何掌控难缠的人

1. 如何应对爱挑剔的人 ………………………………… 154
2. 有人与你争辩，让他赢 ……………………………… 155
3. 别人嫉妒你，怎么化解最巧妙 ……………………… 157
4. 不慌不忙应对别人的刁难、挑衅 …………………… 160
5. 以玩笑的方式反击别人的恶意嘲讽 ………………… 162
6. 智言妙语，反击对方的无礼 ………………………… 164
7. 运用"太极术"应对敏感话题 ………………………… 166

第十一章　破译肢体语言里暗含的语言密码

1. 真笑还是假笑 …………………………………………… 170
2. 他正在被他的眼神出卖 ………………………………… 172
3. 手势的变化体现了内心的变化 ………………………… 174
4. 谈话过程中伸舌头代表什么 …………………………… 176
5. 怎么坐？腿怎么放？你知道对方心里怎么想 ………… 178
6. 伸出双手与人握手是热情的表现 ……………………… 180
7. 交叉双臂意味着心灵之门已经关闭 …………………… 182
8. 看透对方的"Yes（是）"与"No（不）"的手势 …………… 185

第十二章　为什么男人听不懂女人说话呢

1. 女人说分手其实是为了想被挽留 ……………………… 190
2. 她撒娇是因为喜欢你，你知道吗 ……………………… 192
3. 女人抱怨，不是为了解决问题，而是为了倾诉 ……… 194
4. 为何女人都爱唠叨 ……………………………………… 196
5. 如何应对爱说"随便"的女人 ………………………… 198
6. 女人为什么喜欢正话反说 ……………………………… 200
7. 相信女人说她不在乎你和她的故事？你完蛋了 ……… 202

第十三章　揭秘男人在恋爱中的潜台词

1. 我们现在挺好的——男人为何迟迟不肯向你求婚 …… 206
2. 如何解读男人的口是心非 ……………………………… 208
3. 对你的过去刨根问底——男人的嫉妒心不亚于女人 … 210
4. 男人说爱你，代表他真的会娶你吗 …………………… 211
5. 别自欺了，他说这话的意思就是不再爱你了 ………… 213
6. "等我事业有成了再来娶你" …………………………… 215
7. 男人劈腿："只是玩玩而已，我并不爱她" …………… 217
8. 男人为什么爱说谎 ……………………………………… 219

第一章
初次谋面，
###　　一见如故还是话不投机

1. 言辞过恭，必怀戒心

如果你去拜访一位朋友，朋友跟你说话时异常客气恭敬，小心翼翼。不管你说什么，他都是满口客套，唯恐哪里得罪你。你会有什么感觉？你一定觉得对方对自己不够坦诚，怀有戒心。

谈话的目的在于沟通双方的情感，刚开始打交道时说几句客气话倒不成问题，熟悉之后就应该尽量少用。太多的客套话是人际交往中横阻在双方中间的一道墙，让彼此无法建立真挚的友谊。

苏凌刚大学毕业，是公司新来的员工，一开始，同事们都觉得苏凌是个很有修养的人，因为他言辞谦虚，举止端正，对每一个人都很有礼貌。过了几个月，大家都熟络起来了，苏凌依然对每个人都彬彬有礼。在同事们看来，苏凌的谦逊恭敬已经成了一种拒人于千里之外的冷漠。

公司里的其他人都像朋友一样亲切，只有苏凌总是融入不到人群中。苏凌在的时候，大家都觉得闷闷不乐，各自埋头做自己的事。但是一到苏凌有事离开，同事之间的气氛立马变得热闹而又活跃起来。

苏凌的老板也很快发现苏凌破坏了同事之间欢快的交流气氛，出于公司工作性质的考虑，便把苏凌辞退了。

语言可以拉近谈话双方的心理距离，同样也可以推远双方的心理距离。使用恭敬的语言一定要把握分寸，一定要明白"过犹不及"的道理。

桦岛忠夫是日本语言学家，他曾说过这样一句话："敬语显示出人际关系的亲疏、身份、势力，一旦使用不当或错误，便扰乱了应有的彼此关系。"

在人际交往中，礼貌用语必不可少，"说好话"也是很有必要的，但这并不是时时处处都适用。对于初次见面或刚认识不久的人，礼貌谦逊是必然的，但对于相交多年的老友，如果还是一味恭维谦和的话，只会让人觉得你这个人从来没真正把别人当朋友。

1910年9月的一天，两个年轻人在美国邮轮"中国皇后"号上不期而遇。

"呀，这不是胡适吗？多年不见，你过得可好啊？"竺可桢惊讶地说道。

"是竺可桢呀！你怎么还没死呀？"胡适笑道。

"说起来，我还得感谢你啊。这些年我可是天天游泳、跑步，不敢有一天偷懒呢。而且我一直在心里告诉自己，一定要活得比你长。"竺可桢握着胡适的手说。

原来，竺可桢和胡适曾是初中同学，竺可桢学习非常刻苦，身体十分瘦弱，看上去总是一副病态的样子，有很多人劝他要注意锻炼身体，他都没往心里去。胡适不忍看到好友病病歪歪的样子，他找到竺可桢，生气地说："你要是一直都像这样下去，顶多活不过20岁！"

胡适的话一语惊醒梦中人，竺可桢被他不中听的话惊出一身冷汗，他知道胡适的话并没有恶意，反而是十分关心他，这句"逆耳忠言"成了竺可桢加强锻炼的动力。

所以，我们在熟悉的人际交往中，完全没有必要说太过谦逊和恭维的话。熟络的朋友之间，交谈不需要使用谦虚的言辞。如果你有一个很亲密的朋友，对你说话却用十分礼貌的恭敬之词，那你就得好好想一下：你们之间是不是最近出现了新的障碍？如果对方一直使用敬语跟你交谈，那就说明你们之间的心理距离很大。朋友之间，如果说话总是恭恭敬敬，那便与陌生人无异了。

有人替你做一点小事，比如说从旁边给你搬了一把椅子过来，你说一句"谢谢"就足以显示你的礼貌了。但是有些人却偏要说"非常感谢您，真的很抱歉，这点儿小事还要麻烦您来做，我实在是太感动了"等一大堆话，你听见了定会觉得十分不舒服。

"久仰大名，如雷贯耳""贵号生意一定发达兴隆""小弟才疏学浅，一切请阁下多多指教"……这些缺乏感情的公式化的恭维语，若从谈话的艺术观点看来，是需加以改正的。

说客气话的时候要充满真诚，刻板的客气话要少说，与其说"久仰大名，如雷贯耳"，不如直接提及他做的一件有成就的事情，更让人觉得受用。

对平时你从来不会表示客气的人们稍微客气一点，会让他人觉得你谦逊有礼。把常对朋友的客套话说得略为坦率一点，你会收获一份真挚的友谊。

一个人言辞过恭，往往表示他有嫉妒、敌意、轻蔑或戒心。所以，当一个人对你说话时，如果言辞过于恭敬，绝对不是对你表示景仰和敬佩，而是在告诉你："我一点也不想靠近你"或是"我很不喜欢你"等强烈的排斥情绪。

2."可能是这样"其实是"我不这么想"

每个人都会有自己的不同意见，如果对方不赞同你的意见，"不"字往往不好意思说出口，担心你会对此产生不快，因此他会用一些委婉的话来表示他持有不同的意见。

凌婉晴和万景铭在同一家公司任职，两人是同一年毕业的。由于年纪相仿，二人又在一起工作，时间一长，万景铭就对凌婉晴产生了爱慕之情，急于想要表白心愿。凌婉晴虽然也明白他的心思，但是她觉得万景铭并不是自己喜欢的类型，因此也不愿将两人的友情向爱情方面发展。凌婉晴觉得想要保持那种纯真的友谊，还是不要说破比较好。于是，就出现了下面的对话：

万景铭：我一直都想知道，你是不是喜欢……

凌婉晴：嗯，我非常喜欢你借给我的那本摄影杂志，我都看了好几遍了，我还打算抽空也出去拍一些美丽的照片呢。

万景铭：难道你真的没看出来我喜欢……

凌婉晴：我知道你也喜欢摄影，有时间我们可以交换一下心得吧？

万景铭：那你有没有……

凌婉晴：有啊！我知道你的摄影技术比我好，我早想向你请教学习了。

凌婉晴三次刻意地"断章取义"，打断并回答万景铭的问话，让他明白了自己的想法，这比让对方直率问出来，自己再当面予以拒绝，效果当然要好很多。

这也是一种搪塞的拒绝法，用多次断答来拒绝对方，让对方自己领悟意思，这样既保全了对方的面子，避免对方心理上的挫折感，又不至于让双方陷入尴尬的境地。

当你提出自己的观点和看法时，对方毫不犹豫地说"是""当然可以"，这是他们也同意你的说法。但是在现实生活中，不管你的观点是对还是错，都不可能让每个人赞同你的观点，当对方说"可能是这样吧"，可千万别以为这是对方对你观点的赞同，他想表达的真实含意其实是："我并不这样认为"。

很多时候，人们碍于面子，不会直接说："我反对"或者"我不认同你的看法"。因为人们对这个"不"字，有一种敬畏心理：下属怕得罪上司，朋友怕人说自己不够义气，从商者怕失去客户……他们认为：说"不"是最让人为难的事，容易引起别人的反感不说，弄不好还可能失去交情，或者被人误会。

在职场上，有时候上司所做出的决定并非是完全正确的，你想要提出你不一样的想法和意见，但是又怕上司不会轻易接受你的意见，弄不好还会得罪他。因此，你在表达自己的不同意见时就要注意措辞和方法，巧妙地说服上司考虑你的建议。

于翰飞是一家私有企业的总经理助理，他的上司出身于技术人员，由于工作重点长期落在研究开发领域，总经理对企业管理方面并不是很在行。但是因为与自己所学的专业有关，他总是喜欢直接插手技术部门的事，管理方面却常常有所疏忽，很多部门对此都是敢怒不敢言，这也让于翰飞这个助理与其他部门沟通起来存在很大的障碍。

经过一番思想斗争，于翰飞觉得应该向上司提出自己的想法。但是他怕当面对总经理提出意见的话，万一自己说不好，反而会弄巧成拙。于是他选择了以电子邮件的方式提出自己的建议，他在自己的电子邮件中这样写道："真正意义上的领导权威是包含技术权威和管理权威两个层面的，您的技术权威的牢固是毋庸置疑的，而管理权威相对来说比较薄弱，亟待加强。"

总经理看过于翰飞的邮件后，并没有多说什么。但是在之后的工作中把越来越多的时间用在了营销、财务、人事的管理上，企业内部的许多矛盾也得到了化解和控制，于翰飞的各项工作开始变得顺利，公司的运营也进入了高速发展的状态。

在你给别人提意见，如果你并不确定对方是否愿意听取你不同的意见时，你可以采取模糊的语言来表达你的看法，比如对方问你："这是我所有画作中比较得意的一幅，你觉得怎么样？"你并不认为他这幅画有多好，就可以回答："还可以。"如果对方明智，就会明白你的意思，但是也不会生你的气，因为你也没有直接说他的画作不好。

但是当对方明确表示有兴趣听你的见解的时候，你最好简明扼要地阐述自己的观点，切忌长篇大论，这时候也最好不要使用"也许""可能""大概""应该"等模棱两可的语句了。

3. 对方的冷淡沉默，暗示对你的话题不感兴趣

即便是一位非常善于交谈的人，也难免会在与人聊天时遇到这样的问题，你说得兴致很浓，对方却无心接话，多数时候都在沉默，至多"嗯嗯啊啊"回应一下。很明显，对方对你的话题没有兴趣。

遇到这种情况，就马上换话题，千万不要继续喋喋不休。可是，如何找一个让对方感兴趣的话题呢？

也许并非每个人都擅长言谈，但是对自己感兴趣的话题，每个人都能侃侃而谈，而且充满了激情。比如，你跟一个爱好汽车的人谈汽车，他必然会舌灿莲花，相反，你跟一个热爱游戏的人谈书籍，他会非常反感。因此，谈论别人关心的事是一种博取对方好感和维系这种好感的有效的方法。当你试图与一个人建立良好的关系的时候，不妨多和他聊聊他感兴趣的话题。

格莱特先生一直试着把面包卖给旧金山一家饭店。一连三年来，他每天都打电话给饭店的经理。他也去参加经理的社交聚会。他甚至在饭店订个房间，住在那儿，以促成这笔生意。但是他都失败了。

"接着，"格莱特先生说，"在研究过为人处世之后，我决心改变策略。我决定要找出那个人最感兴趣的是什么——他所热衷的是什么事物。"

"我发现他是一个叫作'美国旅馆招待者'的旅馆人士组织的一员。他不但是该组织的一员，由于他的热忱，他还被选为国际招待者的主席。不论该组织在什么地方举行活动，他一定会出席，即使要放下酒店的工作。"

因此，当格莱特再见到那家酒店的经理的时候，他开始谈论"美国旅馆招待者"那个组织。格莱特得到的反应真令他自己吃惊："多么不同的反应！他跟我谈了半个小时，都是有关他的组织，语调充满热忱。我可以轻易地看出来，那个组织是他的兴趣所在，他的生命之焰。在我离开他的办公室之前，他'卖'了他那个组织的一张会员证给我。"

格莱特根本没提到面包的事。但是，几天之后，他的饭店的大厨师打电话给格莱特，要格莱特把面包样品和价格送过去。

"我不知道你对我们顽固的经理做了什么，"那位大厨师见到我的时候说，"但你真的是把他说动了。"

俗话说："酒逢知己千杯少，话不投机半句多。"遇到一个和自己有共同话题的人，往往能够很快接受对方，而遇到一个和自己没有共同话题的人，往往半句话也不想与他说。说对方关心和感兴趣的事就是要激起对方谈话的欲望。

一个懂得说对方关心和感兴趣的事，往往能和所有人建立良好的关系。美国总统西奥多·罗斯福就是这样一个人。哥马利尔·布雷佛写道："无论对方是一名牛仔还是一位骑兵，是纽约政客或外交官，罗斯福都知道该对他说什么话。"

说对方关心和感兴趣的事并不是那么容易就可以做到的，我们必须花时间去了解这个人，只有真正了解了这个人，我们才能把握其感兴趣的事情。罗斯福就是这样做的，每当有人要来访的前一天，他都会翻读客人特别感兴趣的相关资料。

总而言之，当你去了解一个人的爱好与兴趣时，你就能很快弄明白他

7

喜欢什么方面的东西，而如果你在这方面的知识非常渊博，自然可以与对方相谈甚欢。记住当你对别人感兴趣的时候，就是别人对你感兴趣的时候。

4. 通过对方听的表现，来判断他对你的态度

在与人交往的过程中，有些人在你说话的时候不会直接表示对你的看法，这个时候，你难免会觉得心里没底，不知道对方对自己究竟是抱着什么样的态度，有时候甚至不知道该不该把话题继续下去。其实在很多时候，对方对你的态度，是可以通过他们倾听时的表现判断出来的。

比如说，一些职员尽管对主管的言行很不满意，却不敢明明白白地表现出来，只好故意装出一副毫不在乎、面无表情的样子，其实他内心的不满很强烈了，这时，如果你仔细地观察他的面孔，就会发现一些端倪。在这种情况下，如果你作为上司，最好不要直接指责他，你可以这样说："如果你有什么不满的地方，不妨说出来听听！"这样，既不当面让部属感到难堪，又可以安抚他正在竭力压抑着的感情。或者也可以私下里另找时间，开诚布公地与对方交换意见，这样可以有效地解决与下属的低潮关系，为自己树立良好的上司形象。

在两个人交谈的过程中，如果听的一方毫无表情，一般可以表示两种情形：一种是对对方的话题极端不关心，另一种则是根本不把对方的话当一回事。

有时候，我们也会遇到这样的人，当你正在说话时，对方却闭起了眼睛。这时候我们的心里不禁产生了疑惑："他是不是对我的话不感兴趣？"其实，很多时候，当对方闭上眼睛听你说话时，他有可能是在认真倾听并思考你所说的话，或者是不想让你看出他内心的真实想法。

我们在与人交谈的过程中，要想说动对方，在注意自己的谈话方式的同时，还要留心观察对方的聆听方式，留心对方的表情与举动，揣摩对方对你的态度。如果对方听得昏昏欲睡，尽管你说得天花乱坠，也收不到任何效果。

当别人听你说话时，不断地用手拉自己的耳垂。这就表示他想要打断你的谈话，发表自己的意见，而不是听你一个人说个没完。

如果一个人在听到你的发言时，突然拍打自己的前额，这常常表示他认为你说得很有道理，同时也可能是对自己之前看法的懊恼和自我谴责。如果他在你说话的时候，习惯性地拍打自己的后脑勺，这说明他觉得你是一个对他有利用的人。

如果对方在听你说话时，常常用鼻子吹气，很多时候，这并不代表他对你的话题的情绪，很可能是他在生活中遇到了烦心事，需要寻求帮助但又不好意思开口，因此他的心思也并不在你所谈论的话题上。你如果能及时看穿这一点，并主动提出为他帮忙的话，一定会让他对你非常感激，从而成为你忠实的朋友。

有些人在听别人说话时常会有一些手部动作伴随，比如说摆动双手、摊开双手、做暂停的手势等，这常常表示他们虽然在认真地听别人说，但是对对方的说法不以为然。

当一个人总是低着头听你说话时，表面上看是一副十分受教的态度，实际上是表示对你的话并不赞同，内心仍然坚持自己的看法。

一边听你说话一边咬手指或指甲的人，对你的说法心中并没有一个确切的想法，他自己也不知道该不该赞同你的说法，或许他没有耐性听你的长篇大论。

假如你在说话时，对方却东张西望，眼睛不住地看其他东西，这表示他对你的谈话不感兴趣，你最好尽早转移话题。

倾听的表现还很多种，需要你认真观察分析对方倾听时的态度，了解对方的真实意图，及时调整自己的说话方式、转变说话的内容，掌握好主动权才能更容易打动对方。

5. 对方忍不住打断你，可能是对你不耐烦了

在生活中，被别人打断自己的发言是一件很尴尬，同时也是让我们感到厌烦的事。可是在人际交往中，我们总会碰到这样人，在你说话的时候

打断你，或者你正在与朋友谈论一个愉快的话题，另一个朋友却突然提出了另一个话题，顿时就让你觉得自己好像是被泼了一盆冷水，心里很不是滋味。

别人打断你的谈话，一般会有两种情况：一种是对方觉得你说得太多了，他对你的话题感到非常不耐烦；另一种是对方非常喜欢表现自我。

赵鹏飞是一个喜欢把自己的各种事迹挂在嘴边上的人，有一次，他去参加同学聚会，刚开始的时候，大家聊得非常愉快。当老班长提议有时间大家可以一起去海南岛旅游时，赵鹏飞立马说道："我上次去过海南，那里怎么怎么……"聊到哪家餐馆不错，赵鹏飞说："我觉得应该去……"每谈到一个话题，他都会抢过话头滔滔不绝，不留给别人说话的机会。

这让其他同学的心里都感到非常不高兴。现场气氛逐渐变得沉重起来，很多同学都沉默了。

和赵鹏飞关系要好的李磊发现了这一点，好心提醒他说话要注意，可是赵鹏飞完全不当回事，依然我行我素，本来说好要玩到凌晨的聚会在晚上十点就提前结束了，临走的时候赵鹏飞还意犹未尽地说："怎么这么早就结束了，我还没和老同学聊够呢……"后来，同学们组织聚会再也不通知赵鹏飞参加了，连最要好的几个同学也渐渐地疏远了他。

尽管很多人都知道，随便打断别人的谈话是一种非常不礼貌的行为，但是在日常生活中，我们还是会遇到这样的人：他们很热衷于交谈，喜欢在别人阐述自己观点时打断别人、发表他们自己的看法。有时候我们越是不想和他们说，他们越喜欢加入我们的谈话中来，那么我们该如何应对这样的人呢？

首先，我们可以先倾听他们是如何具体表达自己的观点的，然后用语言暗示他："现在我可以说了吗？"或者是直接告诉他："希望你先听我说完，好吗？"引导他调整自己与人沟通交流的方式。

既然别人打断我们的谈话会让我们感到厌烦，同样地，在我们要打断别人的谈话的时候，也要想一想会不会引起对方的不满。提醒自己"多给别人一些表达的机会"，即使是别人说到一些事情的时候出现了一些错误，我们也不应轻易打断他的话题。

姚心蕾是一个性格开朗活泼的女孩，但是她身边的朋友却很少。刚到一个新的工作岗位，姚心蕾因为她的谦虚热情很受大家的欢迎和喜爱，可是过了段时间后，大家就都开始疏远她了。

原来，姚心蕾在工作之余总是喜欢找同事聊天，原本这也是一件好事，可是姚心蕾有一个不好的习惯，喜欢打断别人的话语。

比如，有一次在她和曾姐闲聊的时候，曾姐无意中提起某位明星的八卦：某某和某某最近传绯闻了，刚说了两句，姚心蕾就立刻打断了曾姐的话："怎么可能，杂志上明明写着：是某某和某某某在一起的……"曾姐觉得无趣，就转移了话题。开始跟姚心蕾说自己对人生的看法，可是很快又被姚心蕾给打断了……结果，一直到最后都是姚心蕾在滔滔不绝地讲话，曾姐根本就没有了说话的机会，可是姚心蕾丝毫没有意识到曾姐的不快。

这天，姚心蕾又去找曾姐聊天，可是被曾姐委婉地拒绝了。姚心蕾只好去找其他的同事聊天，可是一两次以后，大家就都不愿意再和她聊天了。

后来又有一次，姚心蕾所在的公司部门里所有成员开会，领导在会上说到一个问题的时候，出现了一点小的错误，姚心蕾立刻就打断了他的发言，"义正词严"地纠正了领导的错误，领导当时也表现出了欣然接受的样子，还夸奖姚心蕾说她做得好，领导有错就应该指出来，姚心蕾心中很是得意。但是，没过多久，姚心蕾就被通知调到别的部门。她这才意识到自己不应该总是打断别人讲话，现在这个苦果也只有自己吃了。

我们常常在吃亏了以后才能意识到自己的错误。不管是出于礼貌，还是对别人的尊重，我们都不能随意打断别人的话。

另外，要想不被别人打断自己的话，在与人交谈的过程中，还要学会"不以自我为中心"，把"我想""我认为"改成"你看呢"。如果需要叙述自己的经历、故事，那就尽量让自己的话语简短、贴切，不要逢人便滔滔不绝地吐苦水，谈话时也要多讲一些别人感兴趣的话题，让人觉得跟你有话可谈，这样才能促成一次和谐愉快的交谈。

6. 当别人推脱说有事，就别再纠缠下去了

在现实生活中经常见到这样"说谎"的人：在忙得不可开交的时候，你偏偏接到朋友的电话，明明是话不投机，对方却讲了十几分钟都还没有放下话筒的意思，于是你只好无奈地说："对不起，我马上就要开会了，有时间再聊吧！"明示对方结束话题。

当你想要跟别人讨论或者商议一件事时，对方却告诉你说："不好意思，我还有别的事情，这件事以后再说吧。"不管对方是不是真的有事，至少目前是不想跟你再纠缠下去了。

在销售人员推销的过程中，这种现象更为常见。让我们来看下面几个情景：

情景一：推销员："您好，请问您是某某公司的吴经理吗？我是某电器公司的销售代表……"

客户："您好，我是吴经理，不过我现在正在开会……"

情景二：推销员："您好，我是某某公司的销售人员，我们公司新推出一种产品，我觉得这种产品比较符合贵公司的需要……"

客户："对不起，我现在没有时间，以后如果有需要会再与你们公司进行联系的……"

情景三：推销员："您好，这是我的名片，上个星期我给您发过去一部分我们公司新产品的相关信息……"

客户："哦，又是推销产品的。很抱歉，我现在很忙，没有时间奉陪……"

情景四：推销员："×主任，您好，昨天上午我与您电话联系过，这是我们公司的产品数据……"

客户："不好意思，过一段时间我们公司就要搬家了，现在忙不过来，等公司搬完家以后我们再谈这件事好吗……"

面对客户这样的拒绝，我们业务员应该如何应付呢？

首先，我们要清楚一点，在很多情况下，"忙"只不过是客户推脱的一种借口罢了，所以作为业务员，一定要先弄清楚客户究竟是"真忙"，还是"假忙"。

假如客户是真的很忙，可以采取下列方法。

第一，可以"约定时间"洽谈："看您这么忙，真是很不好意思，打扰您了。这样吧，请您给我五分钟的时间，听我说几句话，说完我就走，好吗？"通常真正忙碌的客户，为了不过多地耽误自己的时间，还是愿意抽出五分钟时间听你讲的。

第二，适时离开：当客户十分焦急地推辞时，你可以说："打扰您了，那我改天再来拜访您。"然后就离开。需要注意的是，在离开的时候，一定要表现出自己良好的态度，以免让对方感到讨厌。

如果客户说的"忙"是假忙，那就说明他对你推销的产品是没有意向的，这时候你还是直接离开比较好。

在某些情况下，拒绝是一种习惯。对于客户拒绝你的背后实情，你需要用平衡的心态来看待，毕竟不是每个人都需要你的产品。当然，通常有些客户对并不了解的东西，习惯的反应就是拒绝。还有些客户的拒绝，往往是需要进一步了解产品的正常反应，虽然这对你来说好像是苦难，但对一部分客户来说，的确是被人攻破心理防线的"伪装抵抗"。所以，你不要太相信这类客户的话，只需要怀抱着坚定的信心继续走下去就可以了。

"我很忙"也是拒绝别人要求的最好托词之一，但是在生活中，你不能把"我很忙"经常挂在嘴边。如果你经常用"我很忙"来推脱朋友邀请或者朋友要你帮忙的请求，朋友就会渐渐知趣地对你敬而远之，等到你有一天需要他们的时候，你会发现，他们也会用"我很忙"拒绝你。

在面对朋友的请求时，如果不是无礼的或者不合理的请求，你尽量要少说"我很忙"。比如一个很要好的朋友心情不是很好，打电话找你倾诉，如果你没有什么其他重要的事，不妨先听他把话说完，再适时安慰几句，相信朋友一定会觉得你是一个值得深交的朋友。

如果朋友找你并没有什么大事，而自己刚好有非常重要的事急着去处理，你当然可以告诉对方另外安排时间。但是如果自己的事和朋友的事都是非常重要的，那么可以向朋友说明自己的难处和不得不拒绝他的原因，相信朋友会理解你，当然如果你能同时帮朋友出主意，他一样会很感激你。

7."可是……"是听不进去的表现

老板在批评一名员工时说："某某，你是不是要注意一下，你看这个月又是你迟到的次数最多。"这时这名员工回答说："嗯，我会注意的，可是在公司所有同事里面我也是住得最远的。"这也表示他虽然表面上说自己以后会注意，但在心里并不同意老板对自己的批评。有时候，当父母对在外面打工的年轻人说："你怎么这么长时间连个电话都不给我们打？好歹也要让我们知道你的近况，免得我们天天担心你啊。"年轻人却说："可是我工作真的很忙……"这表明年轻人没把父母的话当回事，他以后还是会长时间不给家里打电话的。

在我们与人交往的过程中，当你对别人提出一些意见或者建议，别人回答你如果用"可是"为一句话的开头，多半是听不进去你的意见的。对方对你的话题不感兴趣时，也常常会用"可是……"来打断你。

我们之所以会接受他人的观点或建议，首先是因为我们对这些观点或建议感兴趣，或者觉得它们对自己有用。因此，如果我们想要说服别人，在说话的时候就必须要先取得对方的好感和共鸣。

《人性的弱点》的作者戴尔·卡耐基，是美国著名的心理学专家和人际关系学家。他每个季度都要在纽约的一家大饭店租用大礼堂20个晚上，用来讲授社交训练课程。但是有一次他打算开始授课时，饭店突然来信说要涨租金，比卡耐基原来付的租金多出了三倍，这让卡耐基难以接受，而这时课程的入场券已经发出，开课的事宜也都准备好了。

卡耐基考虑过后就去找饭店的经理，他首先对饭店经理给他涨房租的做法表示理解，然后，他对饭店的经理说："现在，让我们拿出一张纸，将你坚持增加租金而给你带来的利弊都列出来。"说完，卡耐基拿出一张白纸，在纸的中间画上一条线，一边写上"利"，另一边写上"弊"。

"有利的一面：大礼堂不出租给讲课的而是出租给举办舞会的，那你就可以获大利了，因为举办这类活动的时间不长，他们能一次付出很高的租金，而租给我的话你们显然是吃了大亏。"卡耐基一边说一边写，"不利的一面：首先，你增加我的租金，实际上却是降低了收入，因为我付不起你要求的高额租金，只好选择别处去授课。"

"除此之外，对你还有一个坏处：这个训练班将吸引许多的有文化、受过高等教育的人士来到你们饭店听课，对你们来说，这也起到了免费的活广告的作用……我希望你好好考虑一下其中的利弊，然后告诉我你最后的决定。"说完后，卡耐基就告辞离开了。最终饭店对这件事做出了让步，只加了一些房租，而不是原来说的三倍。

如果直接告诉对方自己的想法，不但不能引起他的兴趣，还会在一开始就加重对方的防备心理，甚至对你产生反感的情绪。但是如果他觉得你确实是站在他的利益角度提出的建议，就会很容易接受了。因为人们最关注的往往是与自己利益相关的事，如果从他的利益角度出发，告诉他不这样做会给他带来怎样的不利后果，这样做又对他有什么好处，相信他不会不为所动。

卡耐基说："无论你本人多喜爱草莓，鱼也不会理睬它。只有以鱼喜欢的蚯蚓为饵，它才会上钩。"投其所好是我们说服一个人的关键。推销时客户习惯性的拒绝，朋友不接受我们的建议，归根结底都是我们的话没有引起对方的兴趣，或者是觉得你没有站在他们的角度考虑。

林肯曾经在引用一句古话"一滴蜜比一加仑胆汁更能捕捉到更多的苍蝇"时说："人心也是如此。假如你要别人同意你的原则，就先使他相信你是他的忠实朋友，即'自己人'。用一滴蜜去赢得他的心，你就能使他走在理智的大道上。"你在跟他人交谈时不要以讨论意见作为开始，而是要以双方同意的事作为开始。

当你给别人提建议的时候，也要让对方觉得你和他是"同类人"，甚至是"自己人"，感到自己是被理解的，这样对方才会慢慢放下当初的防御、逆反心理，接受你的观点。

第二章
场面上的客套话，何必太当真

1. 有些赞美是出于礼貌而非真心

在同事和朋友之间，我们也许常常听到这样的赞美："宋姐，您的身材真是太好了，还有您的气质，也绝对是一流的，你要是走在大街上，不知道的肯定会以为您是职业模特呢。"这样的赞美让很多女人心花怒放，有的甚至还象征性地走上几步，虽然既无形也无神，但心里却感到十分得意。却不知道，夸赞她的人在背后偷笑。

年轻的杨阳在参加招聘会时，被一家企业相中，该企业聘请他担任公司的策划专员。实习期间，杨阳的上司时常拍着他的肩膀对他说："小伙子，好好干，我看得出你很有前途。"杨阳对这些鼓舞的话也都欣然接受。

后来有一次，公司让杨阳和公关部的小周一同为某知名品牌策划一场宣传会。两人在策划执行的过程中出现了一些纰漏，对方公司也因此拒绝与他们公司进行第二次合作。公关部的小周一回到公司，便受到了上司的严厉指责："你看看你，连这点小事都做不好，你将来还能干什么！"而杨阳的上司却截然不同，他先把杨阳叫到了办公室，然后说了一些无关痛痒的话，最后加了几句"其实你很棒""我们都看得见你的努力""一直以来你的工作成绩都不错"这种赞美话。听了上司的话，原本还为自己的过错而担忧的杨阳，一下子就释然了，他心想：原来上司对我有这么高的评价啊！

此后，公关部的小周再也没有犯过类似的错误，很快上面就为他加了薪水。可杨阳却再一次地在工作中出现了更大的纰漏，面临着被辞退的危险。他以为去求求自己的上司，让他说说情，便能逃过此劫。殊不知，第一个要解雇他的便是自己的直属上司。

这时，杨阳才醒悟，原来上司对自己的赞美，只是一些出于礼貌的场面话，而自己却傻傻地以为自己真的是很得他的赏识呢！

很多时候，人们虽然嘴上夸赞着你的衣服漂亮、容颜美丽，其实心里或许是另一番想法。别人的赞美，虽有一部分是出自内心，但也不乏言不由衷的恭维和一丝嫉妒的嘲讽的成分。

"呦！这孩子长得可真漂亮！"想必每个人在孩童时期都被别人如此夸奖过吧？即使你的长相实在普通，那可爱、聪明之类的赞美之词也一定会有吧？可是等我们再长大一些，就会发现，原来这世界上有百分之九十的男人女人都会被称作帅哥美女。

对于这种没有营养的赞美，你听听也就算了，切记不能当真。千万别因为别人夸你一句漂亮，你就立志去当明星；也不要一听到有人说你智商高，你就梦想着成为第二个爱因斯坦，这就显得太愚蠢了。我们要知道，有些赞美，只是出于礼貌，而非真心。

在很多场合，赞美只是一种礼仪、一种必要的社交手段。既然别人都爱听好话，那么说上几句又何妨？这不禁让人想起了金庸的武侠小说《书剑恩仇录》当中，有这样一位人物：他虽然身份地位极高，但说起话来，不失谦卑，尤其是赞美别人。比如遇到知名人物，必然称对方"英雄盖世"；遇到年轻晚辈，也要说一声"后生可畏，青出于蓝"；遇到陌生的武林人物，不管有没有听过对方的名字，必然声称"久仰大名，如雷贯耳"。不得不说，他这赞美别人的功力可是够深厚的，但是你能说他的话都是出自真心吗？这只是他身处江湖久了，摸透了"礼多人不怪"的道理，来"忽悠"大家而已。

> 美国现代著名作家马克·吐温，在一次宴会上，与一位女士对坐，出于礼貌，马克·吐温说了一声："你真漂亮！"那位女士不领情，却说："可惜我无法同样地赞美您！"马克·吐温说："那没关系，你可以像我一样说一句谎话。"马克·吐温言辞委婉、平和，反其意而用之，那位女士低下了头。

因此，在现实生活中，如果你受到了这种礼貌性的赞美，可千万别觉得飘飘然。有的人面对别人的赞美，更是会手足无措，因为他太把别人对自己的评价当回事了。其实这时候纵使有万般得意的神态，都比不上大方地说上一句"谢谢"。

当对方称赞你的衣服大方漂亮，你的孩子聪明、惹人喜爱的时候，你应该是高兴的,而且旁人越多你会越高兴。其实,这种赞美,只要对方说得不是太离谱,即使与事实有点差距,你也都会很乐意接受。但是,不要把这些话太过当真,对方这样说,只是为了不影响彼此之间的关系而已。

正如有句话说得好:"得意时的赞美,留在失意时候用。"平日里,就让我们把那些无关痛痒的赞美当作耳边风吧,等到自己真的有一天需要它们的时候,再信以为真也不晚,不是吗?

2. 酒桌上的客套话,可听但不可信

在酒桌上,难免会有一些场面话,俗话说:"到什么山头唱什么歌。"这些场面话很多时候只是为了活跃酒桌的气氛,或者用来撑面子。几杯小酒下肚,便一个比一个牛皮吹得响。这个说:"今后有什么需要帮忙的尽管来找我,兄弟义不容辞。"那个说:"今后你的事就是我的事,手头紧了尽管说,咱多了没有,三五万的还是不在话下。"

但是,无论别人此时如何与你称兄道弟,如何拍红了胸脯大包大揽,哪怕是当着你的面掏出手机表示当场落实,你都千万不要把酒桌上的话当真。酒桌是逢场作戏最普通、最大的舞台,说的话大多是戏词而已,离现实差得太远。

一次,江涛和朋友一起吃饭,说到最近房价有所下跌,就想要买一套房。已经几杯酒下肚的朋友立马接茬道:"看来哥们儿还是挺懂行情的嘛!最近我和某某房地产的陆总走动比较频繁,听说他手头上还有几套房要卖,要不我帮你打听打听?保证给你个内部价!"

江涛听后大喜,回家后立刻和妻子商量此事。妻子听说有这好事,也信以为真,赶忙开始筹钱,就等这位朋友打电话来告诉他们好消息了。

但此事过去了一个多月,江涛都不见朋友那边有什么动静,再加上听说房价有所回暖,情急之下只好主动打电话过去询问。可谁知,对方竟称:"你跟我说过吗?我怎么不记得了。再说,我哪有这么大的本事啊?"这下江涛可傻了眼,后悔得直拍脑门儿。此时他才反省过来,当时朋友是

喝完酒说的话啊！自己怎么能当真呢！

　　酒桌上的话只是应酬的场面话，说起来挺好听，但大都是不可信的。特别是大家都喝到尽兴的时候，更是别把对方的话当真。尽管有些人酒后的话说得"至心至肺"，但大多是酒话和醉话，过后抑或酒醒后都不怎么认账。"是吗？我说过这话？不会吧……"一夜之间就全然变成了一个"老赖"。

　　酒桌上的场面话也是人际交往中说话必具的应酬之一，而说"场面话"也是一种生存智慧。它是有心眼的讨得对方喜欢，获得良好第一印象的工具。当然，场面话往往也掺杂着太多圆滑的社交技巧，但是它不是罪恶，也不是欺骗。只要你别太当真就行了。

　　李华在一家公立单位服务，二十多年过去了，都没有升迁。他很希望自己能调到另一个单位，因为他知道那个单位有一个空缺，而且他也符合资格，但是苦于无人引荐。一次偶然的机会，李华在一个朋友组织的酒场上认识了一位经营调动的单位主管。

　　酒过三巡，当那位主管得知李华的情况后，表现得非常热情，并且当面说："这事好办！包在我身上，保证没问题。"

　　李华兴奋地回去等消息，谁知一个月过去了，却一点消息也没有，打电话过去，那位主管不是不在办公室，就是"正在开会"。李华只好去问朋友，朋友告诉他，那个位子早安排完了。他很气愤地问朋友："那他又为什么对我保证说没有问题？"他的朋友也不知该如何回答才好。

　　对于酒桌上拍胸脯答应的"场面话"，你只能保留态度，以免希望越大，失望也越大。只能"姑且信之"，因为人情的变化无法预测，你测不出他的真心，只好持最坏的打算。要知道对方说的是不是场面话也不难，事后求证几次，如果对方言辞躲闪，虚与委蛇，或避不见面，避谈主题，那么对方说的就真的是"场面话"了。所以对这种"场面话"，你要有清醒的头脑，否则可能会坏了大事。

　　不要天真地认为你跟别人在酒桌上喝得高兴，你和对方就是朋友了，更不能把酒桌上的"朋友"当作你值得信赖的人。酒桌上的场面话千万别往心里去，极少有人会实现他在酒桌上的诺言。

当然，那些所谓"酒后吐真言"也并不一定就那么真，原因就在于你并不知道对方的酒量到底如何，无法清楚地判断他此时是醒是醉。譬如在应酬时，一个素未谋面的生意人对你掏心掏肺，你可就要小心了。万万不可天真地以为见过几次面吃过几次饭你和对方就是朋友，更不要傻乎乎地把他当作你值得信赖的人，否则酒醒后失望的一定是你。

3. 不随便许诺，也不迷信别人的承诺

汪国真曾在他的一首诗中写道："不要太相信许诺，许诺是时间结出的松果。松果尽管美妙，谁能保证不会被季节打落。"我们通常把承诺当作一种契约行为，但很多承诺都是口头上的，并不受法律约束，而且由于这种承诺大多都是临时起意，所以也具有很大的可变性。

某市的刘先生在购车的过程中，货比三家后选定了一款小型轿车，商家口头承诺车款、两年保险费、上牌费共计为12.6万元，另外免费送装潢，帮助到银行办理按揭贷款7.3万元。刘先生交了5万元订金，一周后提车。车子开回家后，刘先生感觉不对劲：商家怎么没给发票呢？于是，刘先生联系到销售人员，销售人员答复他说过两天电话会通知他过去拿，过了两周后，刘先生到销售公司去取发票，销售人员才将11.6万元的购车发票、0.5万元的保险单据(一年保险)和0.5万元的汽车装潢公司的收款收据交给刘先生，刘先生觉得自己被欺骗了，于是就将商家告到当地的消费者协会。经调解，汽车销售公司退还消费者第二年的保险、汽车上牌及补偿费用，共计0.6万元。

因此，消费者在购买大件贵重商品时，一定要注意保留商家的口头承诺的证据，尽量将口头承诺变为书面协议，防止商家中途变卦，最后口说无凭，维权投诉也缺少有力的证据。

这类口头支票式的承诺在人与人的交往中经常发生，虽说承诺属于契

约性行为，但是它毕竟不具备法律效力。因而我们要谨慎对待他人的承诺，更不能轻易相信他人的口头承诺。

"从2012年3月份到现在，8万元放了5年，结果利息还不到5000元，放活期存款也就这样了，如果当时定存5年，利息也有5%！当时是业务员跟我说做定存不如买银保，况且，银保每年还有分红。"说起当时的决策，张先生很懊恼。

8万元放5年，总利息算它5000元，年化收益率$=5000/(80000\times5)=1.25\%$；假设年化收益率5%，则总利息$=80000\times5\%\times5=20000$（元）。两者收益相差悬殊，难怪张先生会如此气愤。

说起当年的那次交易，张先生印象深刻："业务员跟我说买银保产品有三样好处，第一买了就有礼物拿，第二利息有保证，第三每年有分红。"

张先生说出于对银行的信任，他当时就听信了业务员的话，合同拿回家后一直没有看过，里面有哪些条款也是全然不知。一直到最近产品到期，到银行划账的时候才发现利息这么少。

时隔5年之久，想要说清楚双方各自的责任实在不是一件容易的事，对于所有银保产品，我们也不能全盘否定。业内人士认为，虽然相关部门一直在严打销售误导等行为，但个别情况无法杜绝，一旦有类似的情况发生，投资者通常很难取证，"口头承诺并不可信，建议投资者在购买前同家人商量一下，弄清条款再行决定"。

因此，我们不能轻信他人口头承诺，如果是涉及钱财的承诺，更要以字据为证。有时候人们会为了达到某种目的，采用承诺式的谎言，因为这种谎言具备一些郑重性，更容易使对方上当受骗。

在生活中，我们常常听到："我明天10点以前一定赶到这里。""下周五之前我一定会完成任务。""您放心，如果我们的产品出现任何质量问题，我们保证会给您退换的。"诸如此类的承诺。每一个人在每一天，只要与他人打交道，就总会做出类似这样的大大小小的承诺，但是并不是每一个承诺你都会去履行。如果你履行了自己的承诺，对方就会认为你还是一个守承诺、重信誉的人，但是如果你没有履行自己的承诺，那么你的承诺很有可能会被当作一种蒙骗他人的手段。

在与人交往的过程中，不要轻易地对别人许下承诺，因为很多时候很多事情可能都不能如你所愿，如果不考虑自己的实际情况，就对别人许下这样那样的承诺，到最后自己被自己的诺言所累不说，一旦你没有及时兑现自己的诺言，在对方眼里你的形象就会大打折扣。

同时，也不要迷信别人的承诺，因为很多承诺都只是对方随口一说，一转身就会忘了自己说过的话。还有一些别有用心的承诺，不过是一种为了达到自己的目的而诱你上钩的手段。过于相信别人美好的诺言，只会迷失自己。不要总是在受过惨痛的教训后，才发现自己的轻信有多么可笑。

4. 认清真谦虚还是假客套

在人际交往中，言辞谦虚常常被人觉得是不擅出头、为人低调，而且有礼貌、识大体，是一种自身修养的外在特征。谦虚的话语如果运用不当，过分牵强反而显得不自然，甚至被认为是别有用意。粗俗、随意的话语是与谦虚客套相对而言的，很多人都是用随意的语言来表示说话双方的关系亲密或非同一般。

很多时候，居住在大都市里的原始居民对外乡人都表现得十分客气，以此来显示他们对外乡人没有歧视和偏见。表面上看，这些人都很谦卑、平易近人，但事实上，在谦卑的背后，他们的内心却是不愿意跟这些外乡人走得太近的，他们表现得这么客气，只是一种表面的客套而已。

你到一个陌生人家里拜访，就算主人对你恨得咬牙切齿，你出门的时候，他还是会赔着笑脸对你说："欢迎下次再来！"但是你如果真的一而再、再而三地频频登门，那只会遭人厌恶了。

墨墨和北北是很要好的朋友。一天，她们相邀一起逛商场，在一个卖衣服的专柜前，北北指着一件连衣裙对墨墨说："你看这件裙子好漂亮啊，可是我好像有点儿胖了，这么漂亮的裙子穿在我身上肯定不好看。"

这时，墨墨想也没想就随口说道："是有点儿，既然不好看那就看其他的吧。"

结果，北北满脸失落地扭头就走，一路上不管墨墨再跟她说什么，她都是爱答不理的，要么就用"嗯""哦"等语气词敷衍回答。

这让墨墨非常不解：我又哪里得罪她了，不是她说自己胖的吗？我只是顺着她的意思说的啊。

其实，在生活中，人们在说自己"不漂亮""不可爱""长得太胖"等故意贬低自己的话时，在他们的心里并不这样认为，她们之所以这样说，无非是想从对方口里说出否定自己说法的话。如果一个人真的对自己的容貌、身材不自信，是不会随意说这些揭自己短的话的。

很多时候，有些人在虚假的谦虚和客套中往往暗藏锋芒却不露声色，《三国演义》中"青梅煮酒论英雄"就是一个典型的例子。当曹操说刘备跟自己一样是当世的英雄时，刘备吓得筷子都拿不稳，掉到地上，正好这时天上打了个响雷，刘备就假装是被雷声吓着了，掩饰自己的失态，也借此暗示曹操：自己连打雷都害怕，怎么能称得上是英雄呢？曹操相信他的确是胸无大志，因此也就"不足为患"，对刘备放下了戒心，让他逃过了一劫。

几千年来，谦虚在中国都被认为是一种美德。虽说谦虚有时候能帮人化解不必要的麻烦，但是在很多时候，太过谦虚往往让人得不偿失。

与西方人相比，中国人显得都很谦虚，西方人在遇事时往往争相表现，抢着说"我能行"，而我们却常常讲究"后发制人"。在职场中，你明明在某一方面有长处，却遵循着"谦虚"的古训，不肯轻易在领导面前表现出来，苦苦等待着上司主动发现你的才能，但是往往在"日理万机"的上司终于发现谦虚的你确实有某方面的才能时，那个适合你的职位已经被善于表现的员工"抢风头"地"霸占"了。

因此，你在工作中，要善于表现自己，不要过于谦虚，要有"敢为天下先"的精神，告诉你的上司"我能行"。这既是一种能力，更是一种气魄。如果因为谦虚，你被人抢去了职位之后才说"这个事其实我也能干的，而且我会做得比他好"岂不晚矣？

虽说"谦虚使人进步，骄傲使人落后"，但是过分的谦虚却是一种另类意义上的虚伪，至少不是实事求是的态度。不懂时要学会请教别人，不能不懂装懂；同样地，如果你确实在某一方面有过人的才能，懂装不懂只能让你错失很多机会。

在日常生活中，谦虚礼让是应该的，但是一旦过了头，反而会让人觉得是不真诚的客套。因此，你要以坦率的心对人，删除那些烦琐多余的形式，在简简单单中体会友情和真诚。

5. 客套话说的牵强者别有用心

假如你朋友病了，尽管他并不喜欢吃那些又苦又涩的中药，但当你提醒他记得一定要吃药时，他告诉你"我已经吃了"，其实只是为了应付你罢了。人们往往会说"是那样的""明白了"之类的话，以此希望尽快结束讨论。

虽然客套话在人际交往中无处不在，但是在毫无隔阂的人际关系中，客套话却很少被用到。如果在亲密的人际关系里突然出现大量的客套话，那就必须格外小心了。

李思和杨可原本一直像亲姐妹一样亲密无间，但是李思最近发现杨可对她的态度有了很大的变化。以前李思总是把自己用不着的东西拿来送给杨可，杨可也都很高兴地接受了。但是最近这段时间里，杨可却不肯接受李思的这种善意的行为了，而且说话也开始变得特别有礼貌。

前几天，当李思提着一大包零食给杨可送来的时候，杨可在说了一大堆客套话后还是拒绝了，并且一直很客气地对李思说谢谢她的好意。李思虽然有点不快，但也并没放在心上。因为李思和杨可两个人每次出去玩都是一起的，所以这天，李思又很兴奋地叫杨可一起去野外郊游，她以为杨可也会像往常一样很高兴地陪自己去的。

但是杨可却再次对李思说了一通感激的客套话，这也让李思一下子失去了兴致。

杨可的反常，引起了李思的注意，后来她才明白，原来是自己平时"大方的善举"伤害了杨可的自尊心，也让她对自己产生了妒忌的心理。

当一个人用过分客套的话与人交谈时，可能在表示自己强烈的嫉妒心、轻蔑、敌意、警戒心等等。当男女朋友中的某一方使用异乎寻常的客套话时，在很多时候就可以判定为是心里有鬼的征兆。

权威主义者常常喜欢在交谈时使用一些名人名言和历史典故。当一个人开口闭口总是一大堆晦涩难懂的客套话或外国语时，你会不会有一种希望自己是走错了门，想要立刻转头走掉的冲动呢？其实这种人只是把言语当成了防卫自己弱点的工具。他这样做的目的，事实上也是想要加强自己说话的分量，同时向人炫耀自己见多识广，并以此来抬高自己的身份、扩大自己的影响。

俗话说"酒逢知己千杯少，话不投机半句多"，语言的交流是认识一个人的开端。朋友的结交，也往往是从言谈开始的，合不合得来，开口便知道。客套话的存在是社会发展的必然结果，很多时候客套话人人爱听，但并不是人人都会说客套话。如果客套话运用不当，语言过分牵强就会被认为是别有用心。只有恰如其分的客套话，才能让对方对你产生好感。

如果你面对的是一个商人，你说他：安贫乐道、甘于清廉自守，他当然不会高兴了。但是如果你说他：手腕灵活、才能超人、红光满面、发财在即，相信他一定从心里乐开了花。

如果你面对的是一个官员，你说他：生财有道、定发大财，他就算表面上没有任何表示，心里也一定不高兴。但是如果你说他是："先天下之忧而忧，后天下之乐而乐，"官俸微薄、一身清廉、维持不易，他就会很高兴。

在人际交往中，如果一个人对你有所求时，他的言语里肯定少不了客套话。比如，下属在讨好自己的上司时，总是要先说一些客套话。有些心计很强的人，喜欢把客套话当成诱饵，这些人擅长耍手段，说客套话的目的也非常明了。

客套话在我们的生活中已经成了必不可少的一部分，当有人对你说客套话的时候，有可能是为了敷衍你，也有可能是为了讨好你，有时也为了他自己的其他目的。很多情况下，客套话都是言不由衷的，因此，对于他人的客套话，如果轻信了，事情可能会变得麻烦。

6. 朋友的附和，
不一定是真的赞同你的观点

有一些朋友，当与你持不同意见时，会毫不犹豫地捍卫自己的观点，不惜与你争得面红耳赤。而有一些朋友，不喜争辩，或者性格上有点软弱，或者不想因此影响与你的关系，就会选择附和你的观点。

一次跟朋友聊天时，对方说道："某女明星看上去跟男孩子似的，大概是很难相处的，找女朋友千万不要找她这种类型的。"在他眼中，他身边的一位女性是这一种类型，而他喜欢温婉贤淑类型的女性。你并不同意朋友的意见，不想附和他，又怕反驳会引起无聊的争论，只好回了一句："我其实挺喜欢那位女明星的。""哦，我知道了，你一定是她的粉丝吧。"其实说粉丝的话谈不上，但是我并没有辩解，而是转移了话题，朋友也不再在这个问题上纠缠下去。何必为了一个遥不可及的人而伤了和气呢？

很多时候，如果要维护一个人，朋友也好，偶像也好，一句"我是他的粉丝"或者"我是他的朋友"就够了。如果朋友暗示自己是某人的粉丝，言下之意是："我并不同意你对他的偏见，不管你怎么说，我都会维护他的，请你不必再说下去了。"如果你非要辩解说某人的缺点，只会让双方陷入毫无意义的争论之中。

小张找同事冯文聊天时问他："你的那一款豆浆机卖得怎么样？我的简直太难卖了。"

为了不令小张感觉不平衡，冯文想了想，也假装发牢骚道："唉，谁说不是呢，我这儿现在库存还一大堆呢！"

可是到了第二天，小张发现原来冯文卖的那款豆浆机卖得很火，而且已经在打算进新货了。

小张这才明白，原来冯文说的不好卖，只不过是随意附和自己的客套话而已。

在生活中，我们也常常会遇到这种情况，当你提出自己对某个人或某件事的看法时，朋友往往会附和你，很多时候，朋友并不是真的完全赞同你的观点，只是觉得为这件事辩论是毫无意义的，所以他们通过附和你来达到尽快结束这个话题的目的。

在职场中，这种现象更为常见，同事为了维护同事之间的面子，下属为了不得罪上司，就常常会对同事和上司的说法随意附和。

在经济文化飞速发展的今天，人们越来越强调团队合作精神，这样让身在职场中的很多人，遇事总是放弃自己的看法，他们把"行""是""好的"当作口头禅，渐渐地便成为他人眼中没有主见的"应声虫"。

在实际工作中，很多时候事情并不会因"迎合"而结束。总是习惯被人牵着鼻子走、无论别人说什么他们都盲目附和，无尽烦恼也伴随无条件的妥协与服从产生。一味附和虽然避免了争论，却也给他人留下了毫无主见的印象，阻碍自己职业的发展。

如果你有足够的能力，对同事、上司的要求都说"是"也没有关系。可是在现实生活中，你不可能全面顾及每一件事，如果凡事你都不敢提出反对意见的话，自己疲惫不堪不说，还会耽误自己的本职工作。

某公司销售经理李先生说："我曾聘用过一个员工，对给他安排的每一件事他都会'拍胸口'说保证完成，看似执行力很强，结果却总不尽如人意。自己明明没有把握，还非要揽下一些有难度的任务，结果很多客户都被他跑丢了。"虽说总是说"不"的员工不是好员工，但是没勇气说"不"的员工，同样也不会得到上司的青睐。

在绝大多数情况下，虽然老板希望你是一个很有能力的员工，但是他更希望你可以量力而行，让你充分发挥自己的能力，做好擅长做的事，而不是逞能地去做一些你根本毫无把握的事。老板希望的是你能为公司创造更多的利益，而不是单纯地"听话"。

"应声虫"不能作为职场的楷模。太有个性的人往往会被边缘化，从不说"不"的"应声虫"们，也不会成为人缘好的人群。因此，你在职场中要做到真诚、理解，在做好自己本职工作的前提下帮助别人，做一个有思想、有梦想，同时也掌握做事方法的人，这样才能受到同事和上下级的尊重和欣赏。

作为职场中的管理人员，也要清楚一点：员工对你说"Yes"，很多时候都是随声附和,并非都是对你的观点的赞同。也不要太相信员工对某项任务的保证,最好是先了解员工平时的工作表现和个人能力再考虑是否把"艰巨"的任务交给他去做,以免造成不必要的损失。

第三章

闲聊时,要听懂别人的话外音

1."事后诸葛亮"多为虚荣心作祟

没有人可以未卜先知，这是我们每个人都明白的道理，可是在现实生活中，我们似乎或多或少都会存在着"我早已预见此事结局"的回忆式倾向。很多人总会在结果揭晓以后，理所当然地说："我早就知道会是这样""这个结果不用想也可以预见了"等，以此来证明自己的判断力有多强。

在我们的生活中，事后的预言随时随地都有可能上演。心理学家委婉地把这种现象称为"马后炮效应"。

有些人为了让自己"更有面子"或者"不丢面子"，维护自己的尊严，不惜用虚假方式来吸引他人的注意、赢得赞赏。而这种自欺欺人的不良心态，很可能会让人像吸毒一样上瘾，落入盲目浮夸、不切实际的泥潭，而且越陷越深。"马后炮效应"便是其中的典型。

在生活中，有人偶尔吹嘘、炫耀一下无伤大雅，人们也不会对此多加批判，但是如果你总是放"马后炮"，做事后诸葛亮，就会给人们留下一个"死要面子"的不良印象。

那些事后自称有先见之明的"诸葛亮"，总是事后才高谈阔论，很多时候着实令人厌恶。"我早料到火箭队要击败骑士队的，果然是这样。""股市真的跌落了不少！我早就知道节后股市肯定要继续下挫的……"小郭在办公室里一边看报纸一边扬扬得意地唠叨着，其他同事却恨得牙痒痒：又是马后炮，好像全世界就数他料事如神似的，事情没发生之前怎么也没听他吱过一声啊，总是等事情已经发生后才说自己早知道，有本事怎么不早说呀！

我们可以根据已有的经验，再以现在的视角重新审视、仔细推敲，或许可以发现事物有迹可循的规律，从而做出一些可能的推测和判断。但是我们必须承认：没有谁能十分准确地预测出事情未来的发展方向，我们要时刻提醒自己谨言慎行，所谓"言多必失"，说话留点余地，总是没错的，也不要总做事后诸葛亮，惹人厌烦。

说到底，"马后炮效应"无非是虚荣心在作怪。心理学大师弗洛伊德认为：虚荣心也是人类的一种天性。每个人都渴望得到认可和尊重，"被自我肯定和他人认同的'尊重需求'是一种高级心理活动。"正是因为有了这种需求，我们才会不断努力、追求卓越。

但是虚荣心只是一种暂时的、虚假的心理需要，它所追求的光荣感或荣誉感都是不真实的。这种心理也是消极的，也影响人们的心理健康。一味追求虚假的东西，时间一长就会让人失去真实感，养成自大、虚伪的毛病。

曾经有位哲人说："虚荣心很难说是一种恶行，然而很多恶行都围绕虚荣心产生，都不过是满足虚荣心的手段。"我们要克服虚荣心就要做到实事求是，客观地认识自己，不要"打肿脸充胖子"。想要获得荣誉就要靠自己的努力奋斗去争取，而不是去做一个事后诸葛亮。你要善于学习和总结，提高自己的能力，才能不断进步和提升，相信那些荣誉和尊重自会不请自来。

2. 喜欢自嘲的人更自信

自嘲的意思大致就是自己嘲笑或挖苦自己，但是自嘲的真正内涵和蕴意十分广泛而深奥。能够自嘲的人其实大多是很自信的，"运交华盖欲何求，未敢翻身已碰头，破帽遮颜过闹市，漏船载酒泛中流。横眉冷对千夫指，俯首甘为孺子牛。躲进小楼成一统，管他冬夏与春秋。"这是鲁迅先生写的一首《自嘲》诗。愚蠢的人笑别人，聪明的人笑自己。自嘲是一种智慧，也是一种自信。

在社会交往中，我们常都会遇到一些让人感到难堪的玩笑，让我们陷入窘迫的境地，这时，如果我们能调节自己的情绪、沉着应付，再采取适当的"自嘲"方法，不仅会使别人对我们有一个重新的认识，还能让自己在心理上得到安慰。

老练而自信的人懂得运用自我贬低、自我解嘲的方式，活跃气氛、博得他人好感。自嘲可以起到欲扬先抑、欲擒先纵的效果。

人人都有尴尬的时候，特别是一些涉及自己的缺陷等问题的时候。遇到这种事，旁人很难为你解围，但是如果你自己能够幽默、豁达地嘲解自己，大方地承认自己的不足，既博大家一笑，又展示了自己的坦诚和睿智，所谓的难堪当然也就不复存在了。当自己陷入窘境时，你怒不可遏地反击，反唇相讥会遭到更多的嘲讽，不如来个超脱，自嘲自讽，反而显得豁达和自信。

美国某著名女演员嘴巴长得很大，但她常常自暴其丑，取笑自己的大嘴巴，很多观众反而因此更喜欢她了。还有一位发胖的女演员，经常拿自己的体形开玩笑："我不敢穿上白色游泳衣在海边游泳。我一去，飞过上空的美国空军一定大为紧张，以为他们发现了古巴。"一句自嘲，摆脱了窘境，大家反而觉得这位胖女士可爱、自信而且心胸豁达。

很多时候，自嘲可以说是自信的另一面。例如鲁迅先生笔下的阿Q，就是一个对自己的长相缺乏自信的人，他是绝不肯对自己头皮的几处癞疮疤进行自嘲的，而且也十分忌讳别人提起，他在自己的身上找不到让人羡慕的长处，所以也就无法发出"大丈夫何患有疤"的解嘲之语了。反观小品演员潘长江，虽然身材矮小，但他并不自卑，一句"凡是浓缩的都是精品"，成为一种自嘲的标志、自信的象征。

所以说，自信是自嘲的基础。懂得自嘲的人，大多是有生活情趣的人，也是生活中的智者。只有热爱生活的人，才会把困难、挫折当作上天赐予的磨炼自己的机会，是人生难得的经历，因而他会快乐着接受它的挑战。一个人如果不热爱生活，没有积极向上的生活态度，就不会去主动发掘自己的可笑之处，所以也就不会有勇气将自己的缺点和尴尬之处说出来了。

自嘲可以说是一种应对他人嘲讽的"抗生素"，在别人揭露、嘲笑自己之前，先给自己来上几针预防针，这样，在面对嘲讽、打击时，就可以做到面不改色、镇定自若了。

自嘲也是增强自信的一种极其有利的方法，明白自己的缺陷所在，才有可能更大限度地发挥自己的优点。能主动在陌生人面前嘲笑自己的人，更容易得到别人的接纳甚至钦佩。也可以这样说：一个敢于自嘲的人比一个畏缩后退的人更值得交往。

"自嘲"绝不等同于自轻自贱，更不是自取其辱。只有谦虚并且自信的人才能经受住别人的嘲弄以及自己对自己的"打击"。自嘲是自我化解尴尬的有效方式，更是一种身心调节的方法。我国当代著名书法家启功也曾写过一个自嘲式的自传："中学生，副教授。博不精，专不透。名虽扬，实不够。高不成，低不就。瘫趋左，派曾右。面微圆，皮欠厚。"短短数语，谦虚自信可爱的长者形象跃然纸上。

"自嘲"可以让人乐于接受你的不完美，逐渐把不完美当成再平常不过的一部分，进而忘记这些不完美。学会自嘲也是人生交际中的重要一课，一个懂得自嘲的人，就等于掌握了摆脱困境和制造愉快的能力。在面对别人的冷嘲热讽时，你也不妨试试使用"自嘲"这个方法，相信你会收到意想不到的效果。

3."告诉你个秘密"所隐含的心理技巧

几乎每个人都遇到过这种情况，身边的朋友、同学甚至于陌生人把自己偷偷拉到一旁，咬着耳朵对自己说道"我告诉你一个秘密……"这是一句既可以勾起人们的兴趣，又可以让自己对对方产生好感的魔力话语，这句话的背后隐藏着很强大的心理效果。当我们听到一个人对我们说"告诉你个秘密"的时候，我们会不由自主地认为自己在对方的心里是重要的，或者对方是信任自己才会这样说的。

人们都喜欢受到"特殊"或者"限定"的优待，我们在超市的宣传单上经常能看到"限时限量抢购"的宣传语，就是利用人们喜欢成为"限定"的心理来刺激消费者的购买欲。

高明的推销员在卖东西时，也常常利用人们的这一心理。他们总是先要让顾客产生这样一种想法：这件商品的价钱虽然昂贵，但却是物有所值的。不过如果推销员直接这样说的话，顾客的心中会产生"世界上哪有这种好事"的想法，所以推销员就会换一种说法，他们说"我找了半天就看到您一个人像能够买得起的，所以我只推荐给你一个人……"，这样会使你认为自己是个"特定"的人物。推销高价商品的推销员更是善于利用人们的这一心理，这让他们能够更好更方便地将自己价高于值的东西卖出去。

周婉婷一走进自己常去的那家服装店，老板就亲切地对她说："您看这件衣服，我觉得特别适合您，虽然价钱是高了点儿，但是不管是做工、布料还是款式，都是非常好的，我们店里也只有三件存货，其中一件由某个公司的老板李先生买去了，另一件也被副市长的太太订购了。只剩下这一件，别人来的时候我都没敢拿出来，特意为您留着……"听到这一番话，虽然明知道老板是在奉承自己，但婉婷的心中仍感到很满足。在加上前两件衣服都是卖给了社会上有头有脸的人，能和他们相提并论，使婉婷的虚荣心得到满足，于是便痛痛快快地打开钱包付账了。

但是当她给朋友们看的时候却并未得到任何人特殊的评价，穿了几天之后甚至连她自己也觉得是买上当了。连她自己也不明白：为何这样一件普通的衣服，自己当初却心甘情愿地掏钱呢？

由此我们可见，当对方故作神秘地告诉你一个"秘密"，尤其是当对方突出你是一个特定的对象时，你可就要小心了，这一方面是在以获知秘密的"特权"来麻痹你，另一方面则是想在你的虚荣心获得满足之后，从你这里拿走些什么。

很多时候，无论对方说的秘密是否与自己有关，你的心里都会一阵激动，觉得是得到了什么不容易拥有的东西，从而欣喜无比。不过等冷静下来，你也许就会发现，其实这欣喜很多时候是没有道理的，因为那些秘密并不一定是你需要或者想知道的，那么既然如此你为何还会欣喜呢？

首先，这是一种独占意识在作怪。人都是自私和喜欢互相攀比的动物，一件东西，如果我有他人没有，我的心里就会得到极大的满足。同样地，一个秘密如果我知道而别人不知道，下意识我就会具有一种莫名的优越感。

其次，他人"告诉你一个秘密"也是他人笼络你的一种手段。秘密一旦由他转移给了你，那么在你们两个人当中，也就形成了一种秘密的联系，这样很容易让你对他产生共同感。很多人正是利用了这一点，不断地以传播秘密的方式来获取支持。

政客最擅长利用这一手段了。比如，某个正在进行选战的政客被邀请参加记者会，在会上，他告诉对方如果自己获选的话会提出怎样的改革，并以泄露最高机密般的口吻说："这是非公开的。"这种"非公开"的秘密反复用几次，与会的记者自然产生与这位政治家的共有意识。下意识中，他会尽量避免报道不利于这位政治家的事。换句话说，记者以为两人享有共同的秘密，因此被对方笼络了。

当有些人需要笼络"敌人"时，他们也会采取这个方法。例如：公司里某个职员时常不服从上司，于是上司把他叫到办公室，和他谈论起公司机密的事情来："这个问题是高级干部会议中讨论的事项之一，我想听听你的意见。"在这种情况下，职员就和上司慢慢产生了一种共同心理，也就会变得温顺了。

无论是上述哪一种情况，当一个人神秘地对我们提起"秘密"时，你都要提高警惕，对此最好的做法是不动声色地听他说什么，然后看一看这些"秘密"是否和你有直接关系，如果没有，那就要想一想自己和他之间的关系，看一看他在透露"秘密"的背后还藏着什么。

4. "我是为你好"，实际是为了自己

在谈话中总是喜欢用"我是为你好"的人，多为好为人师者。这种人自我意识强烈，常常自以为是、目中无人，表现欲望强烈，好卖弄。他们总是喜欢教导别人："你该这样这样管家""你该如何如何吃""你该怎么怎么玩"等，在一番长篇大论后，看你好像并没有听进去，就又加了一句："我这是为你好。"但是他们的言论对我们却没有什么帮助，他们所谓的为我们好，很多时候只是为了满足自己好为人师的心理。

对于这样的话如果偶尔听一次我们还觉得能够理解，但听多了之后，我们就会产生严重的厌烦心理，甚至恨不得对他们说："求求你，别为我好了。"

人们在大多数时候对这种行为还是抱着一种客观的态度来看的，他们觉得即使对方说得不对，也不应该反驳，至少是不应该怨恨，因为对方的出发点是好的，比如说一些父母、好友的出发点就是好的。

但大多数情况下，说出"我是为你好"的人，其出发点却并非是为我们好。烛之武退秦师这个故事是我们每个人都耳熟能详的。

秦、晋两国围攻郑国，郑国在亡国之际让老臣烛之武向秦军进言。烛之武一见秦伯，不先说郑国自己的请求，反而为秦国谋划起来了，一番微言大义："越国以鄙远，君知其难也。焉用亡郑以陪邻？邻之厚，君之薄也。若舍郑以为东道主，行李之往来，共其乏困，君亦无所害。且君尝为晋君赐矣，许君焦、瑕，朝济而夕设版焉，君之所知也。夫晋，何厌之有？既东封郑，又欲肆其西封，若不阙秦，将焉取之？"

这段话看起来句句是为秦伯好，但其真正的目的呢？还不是为了郑国自己。而且如果我们熟悉战国以后的历史，就会知道，秦伯在听取了烛之武为自己设计好的计策之后，不但什么好处也没得到，反而和晋国交恶，甚至一度兵戎相见。由此我们可见，"我是为你好"这句话的背后，其真正的目的是为他自己好才对。

我们看到很多大企业的经营者都在不断强调"贡献社会"的企业理念。虽然他们实际上确曾朝着这个目标努力，但"为社会而……"的冠冕堂皇的名义，却是另有作用。事实上，所有企业的目的都是追求最大利润，但若只主张赚钱，则过于自私，为提高员工士气，必然提出"为社会而……"的标语，使员工从工作中寻找对于社会的意义，才能问心无愧地进行赚钱行为，同时也能让社会感觉到企业是有责任的，从而树立良好的企业形象。

日本著名的棒球选手落合博满，是像篮球界的飞人乔丹一样的人物，他曾经两度拿到日本职业棒球协会的三冠王，在某次面临读卖巨人的续约时，落合博满曾经这样说："职业球员的年薪太低，应该提高薪水，球员的生活才能安定，这样才能提升球队水准。"对此他要求一亿日元年薪，并声明称："我是为棒球界着想，才要成为第一个年薪一亿日元的球员。"对于落合博满来说，他确实有资格代表棒球界，但他要求的一亿年薪是为了棒球界还是为了自己，相信那些仍然仅仅只有百万年薪的球员更有发言权。

我们的社会是一个相对保守、矜持的社会，在社会上如果某个人敢于直接提出"我要求……"那一定会招致别人非议的，而当一个人以他人和社会的名义来要求某件事情时，大多能够得到广泛的支持，虽然他真正的目的仍然是为了自己。

有些人正是巧妙地利用了这种心理，在有意识无意识地让人产生错觉，比如"为公司"为由擅自花用大笔交际费的人，或以"增加女性的美丽"为由而把劣质化妆品的价格提高一倍，都是如此。

所谓的"我是为你好"在更多时候，不过是这一类行为的变种罢了，这些"为你好"的背后是不可告人的"为自己"。对于这样的人我们是一定要提高警惕的。

经过上面的分析之后，如果你的耳边再次飘来"我是为你好"这样的话时，你首先要下意识地保持冷静，切不可被所谓的善意蒙蔽，冷静之后，你才能够分清对方是不是真的为你好。

5. 喋喋不休的人浮躁

在工作和生活中，我们总是听到一些人，喋喋不休地抱怨上司、同事、工作、环境，好像这个世界上谁都欠他的。他们总是觉得生活丑陋不堪、别人庸俗低劣，而自己却总是怀才不遇。他们忘记了一点，抱怨虽然可以换来别人一时的同情，但解决不了问题。怨气冲天不仅会招来别人的反感和厌恶，还会让自己沦为情绪的奴隶。

在很多时候，喋喋不休的抱怨背后，都隐藏着一颗浮躁的心，在工作中时常表现出这样的情况：任务已经交代下来了，但是有些事情，如果上级不追问，或者没有跟踪落实，他就很难交出一份令人满意的"答卷"，甚至还有的人面对布置的工作只会睁大眼睛，满脸狐疑地反问上司"我不知道有这事啊？""那该怎样做？"浮躁的人不认为完成工作是自己的责任，也很少积极想办法去解决问题，只把诉苦和抱怨当作理所当然。

李海刚大学毕业就进入了当地一家知名的公司，朋友和同学们都很羡慕他，他本人也多次扬扬得意地说："你们就等着看吧，总有一天我们公司将会以我为荣，公司也将会因我而改变。"

让李海没想到的是，公司竟然把他这个经管系的高才生安排到车间里做维修工。维修工作很不体面不说，还又脏又累。没过几天，李海就开始抱怨了："这里真是太脏了，瞧瞧我身上弄的！""让我来做这种工作，真是大材小用！""累死了，我讨厌这份工作！"于是他的每天都开始在抱怨和不满的情绪中度过，对待工作十分懈怠。

跟李海同时进入公司的同学在三个月后被提拔到了管理岗位，李海得知后又开始抱怨："我到底什么时候才能脱掉这身脏兮兮的工作服？为什么老板不重视我？"从此他工作起来就更加消极了，以前偷懒的时候还躲着主管，现在当着主管的面居然也开起了小差。

后来有一次，公司接到了一份很大的订单，必须开足马力生产才能按期完成。公司要求维修工对设备进行检修，保证设备正常运转。李海对此仍是敷衍了事地应付，结果在生产最忙碌的时候设备出了故障。虽然经过全体维修工的全力抢修和工人们加班加点地赶工，但还是延误了交货日期。这让公司蒙受了巨大的损失，李海却抱怨说："设备老化了，能怪得了谁啊？"

到了年底公司裁员的时候，李海是第一批被裁掉的对象。临走，李海还在抱怨："为什么倒霉的总是我。"他本以为至少可以得到同事的同情，但是谁也不愿意搭理他。

一个真正尽职尽责的人，会视浮躁的抱怨如瘟疫，避之唯恐不及。如果一个人整天带着抱怨的心情工作，不但会降低自己的工作效率，还会影响自己的身心健康。爱抱怨的恶习，会慢慢吞噬掉一个人的才华和创造性的智慧，使之失去独立工作的能力，最后成为没有价值的员工。

喋喋不休的抱怨会使人的思想摇摆不定，也会让人的思想变得肤浅、心胸变得狭窄，更会使自己的发展道路越走越窄。

浮躁常常让人烦躁难耐，遇到一点小事都会大动干戈。遇到好事，会兴奋得难以自制，甚至是得意忘形；遇到不好的事情，则又会立刻坠入痛苦的万丈深渊，让你感觉仿佛世界末日来临一般。

要想不被浮躁所左右，我们就必须静下心来踏踏实实做事。很多时候，能够影响我们的是我们对待事物的态度，而不是事物本身。只有平和沉静、脚踏实地，才能摆脱浮躁带给我们的负面影响。

浮躁是人生的敌人，不管我们是想要获取成功，还是要获取幸福快乐，我们都必须要拭去心灵深处的浮躁。

6. 爱发牢骚的人苛求完美

"哎呀,你不知道我们老板有多抠门,整天让我们加班到深夜,加班费却一分钱都没给过。""我们公司那个小吴,真是让人讨厌,事情办不好就早说嘛!整天就知道逞能,一点也不为我们考虑。""唉,我那个婆婆呀,可真不是一般的难伺候。"

不管是在工作还是生活中,我们或许会碰到这样一些满腹牢骚的人,他们经常会抱怨说这个没有做好,那件事情哪里又出了差错,一说起来甚至是没完没了。他们总是对生活中的事情进行挑剔,乃至一件微不足道的小事也要唠叨几个小时。

很多上班族在和朋友聚会喝酒时喜欢发牢骚,而且一说起来就一发不可收拾,很难让他停下来。他们大多会就生活、工作上的事情进行唠叨。他们希望生活能够按他们的想法来进行,这样才能够完美无缺,可总是事与愿违,当别人的做法和他们的理想有所出入,他们就会对人抱怨不已、牢骚满腹。

其实,这些喜欢抱怨的人,大多属于追求完美的人,他们对生活中的每一个细节都见不得一点点瑕疵,总是苛求尽善尽美,凡事都要求高水平、高理想,在自己的脑海中有一个完美的蓝图。所以,当现实生活展现在他们面前的时候,他们发现生活中的很多事情都跟自己理想中的样子差了太多,自然就开始牢骚不断了。他们不仅会用理想中的蓝图来要求自己,而且他们还时常会用相同的标准来苛求别人。

像这样太过于理想化的人,总是沉迷于虚幻的世界,而对现实中的实际问题却常常表现得漠不关心。

爱唠叨的人,并非缺乏自信,他们常常会以自我为中心,总认为自己是完美、不会出错的人,而且常会愤世嫉俗、满怀自信地认为:"他为什么总是这样,没有一件事情是能让自己满意的。""周围这些人都是笨蛋吗?我这么努力在做,他们却一点忙都帮不上。"如果他们能够早一点认清自己本身也并不是十全十美的事实,或许就会对别人少一点苛求,也少一点唠叨了。

从某种程度上说，爱发牢骚的人也是难以相处的。在他们当中，也有许多有才能的人，觉得自己是怀才不遇。但是他们的牢骚会使得人际关系恶化，而被别人孤立。没有人喜欢当别人的"垃圾桶"，听他没完没了的牢骚。

从事业发展方面来说，这种类型的人对自己和他人的苛刻偶尔会成为他们努力的动力，尽管他们有时也稍有成绩，但很难有太大的成就。从爱情方面来说，这种类型的人跟异性相处一段时间后，总是能够敏锐地感觉到对方和自己想象的恋人差距太远，因而总是一山望着一山高，不懂得珍惜眼前人，常常是捡了芝麻丢了西瓜。

在职场中，牢骚满腹很容易破坏工作氛围，因为抱怨本就是在传递一种负面情绪，不利于团队成员的凝聚。在职场中不如意的事十有八九，如果你实在是对一些事心存不满，也要注意以下几点：

第一，不能让牢骚脱口而出。因为情急冲动时说出来的话往往带有强烈的个人情绪，很难让大多数人相信。

第二，如果真要抱怨，也请笑着"抱怨"。乐观心态下的抱怨才更有说服力。

第三，办公室是办公的地方，也是最不适合发牢骚的场所，而且带有主观色彩的牢骚很容易被同事误读。

第四，如果事事发牢骚，就会被人贴上"牢骚婆"的标签，经常发牢骚，也会令人对你的工作能力产生怀疑。

第五，工作上的牢骚，虽然惹人嫌，也很容易被理解是为了工作，但是如果你的牢骚涉及了对领导、同事的个人评价，大家会给你戴上"小人"的帽子。

最好的办法是用沟通代替抱怨！找到问题的关键所在，以心平气和的态度把问题反映出来，然后请对方解决或协助解决问题，这样才是最好的处事之道。

第四章
求职，识破面试官话里的真实意图

1. 听懂面试官的"话外音"，顺水推舟表现自己

在面试中，面试官大多喜欢用一些比较含蓄委婉的方式与求职者沟通。参加过多次面试的人会发现：在不同的面试中，面试官所提出的问题很多时候都是大同小异的。这些问题的共同点就是它们的背后都有潜台词，通过这些问题，面试官不仅可以不动声色地大致掌握求职者的信息，又可以间接表达对应聘者的确认或者是淘汰。

俗话说"听话要听音"，面试也是一样。对于求职者而言，听懂面试官的"话外音"，才能掌握一定的主动，对自己应聘的结果有一个较为准确的判断。这样既可以避免一厢情愿的空等，又能把握机会，获取成功。

面试中还要善于发现面试官的"画外音"，顺水推舟地表现自己。

"你可以先做一下自我介绍吗？"言外之意就是："你有些什么经验、特长，是不是值得我们花钱雇用你。"在回答这类问题时，除了自己的姓名以外，其他的基本信息就不必多说了，把重点放在专业能力和职业经验的介绍上。要把自己的特点展现出来，让面试官记住你。

陈黎是一名刚刚毕业的大学生，由于没有面试的经验，所以在面试之前，他做了充分的准备。在面试中，当面试官对陈黎说"请你做一下简单的自我介绍"时，陈黎有些不知所措，他没有想到面试官会问这个问题。因为在陈黎看来简历就是一份最好的自我介绍，完全没有必要再重复一遍。但是既然面试官已经提出来了，又不能不回答。

于是，陈黎就把自己简历里的内容全部重复了一遍，甚至连籍贯、民族等信息都没有漏掉。面试官听得眉头紧锁，到最后实在是忍不住了，只能打断了陈黎的话。

刘强是一个技术工人，他在应聘的时候这样介绍自己的："我没有考上大学，高中毕业之后就进了工厂做车工。在那家工厂里工作的十多年间，参加过三次车工岗位技术比赛，都荣获前三名。去年工厂倒闭后，我去参加了英语培训和电脑培训，并取得了两个上岗证书。看到贵公司招聘

技工,我觉得合适就来了。

刘强的介绍不仅简单清晰,还充分突出了自己的优势。面试官对他的表现很满意。

在面试的过程中,面试官会向求职者提出很多问题,而这些问题都绝非你所想象的那样简单,他们所希望的答案或许与你主观上认为的是不一致的,如果你不能按照他所想的那样去回答,那么你的答案必然不会为你的面试增分。把自己最近的经历和能够突出自己优势的经历讲出来就足够了,长篇大论只会画蛇添足,更会让人觉得不耐烦。

还有许多面试时你可能会遇到的问题,比如说面试官问你"如果让你到某某岗位,你愿意吗?"这其实是在告诉你,你应聘的岗位也许已招到适合的人选了,但觉得你也是个人才,想录用你。回答这类问题时,要从实际情况出发,如果你觉得这个公司实力很强、前景也不错,你可以考虑他们的建议,进到公司以后慢慢发展。如果你觉得这家公司对你没有那么大的吸引力,就可以考虑放弃了。

当主考官问你"为什么想离开目前的工作?"是想要知道你能承受的底线在哪里,你辞职是因为主观的原因,还是客观的原因,什么事情会让你离开。"你怎么看加班?"面试官这样问你时是想看你是不是听话,是否为了工作可以牺牲自己的利益。"以你的能力,你可以……"这是暗示你应聘目前的岗位有些屈才或者说能力不足。"你有什么问题要问吗?"是想要了解你是否真的重视这份工作,是否为争取到这份工作而做了精心准备。"你如何看待工作和生活的平衡问题?"是想看你是否有自己的独立价值观。

求职者对于那些面试官经常会提到的问题,回答时要慎重,不能只看到表面的意思,一定要先掌握问题背后的潜台词,知道面试官想从这样的问题中了解到什么信息,只有这样,才能给出最能令面试官满意的答案。

只有听懂了面试官的"话外音",你才能在求职过程中少走弯路,不浪费自己的精力,也不白白错失机会。

2. 面试官的客套话，你听懂多少

让求职者忐忑的事莫过于面试以后在家里等待的日子，猜不透考官们对自己的感觉怎么样，更不知道自己面试的结果。"如果能提前知道结果就好了"，很多人禁不住会这样想。其实这不是不可能的事，我们要学会从考官们的身上判断出一些信息，就能推测出应聘成功的概率了。

要想早一点了解自己应聘成功的机会有多大，就需要求职者用心观察，仔细琢磨，从招聘人员身上找到一些"蛛丝马迹"。语言是一种比较复杂的艺术，学会理解面试官的客套话，对求职者来说非常重要。

或许你会有这样的经历：面试的时候感觉双方的交谈很融洽，面试官也说让你等通知，可是却一直没有下文。其实是否录用你，面试官已经在面谈的时候就已经流露出来了。学会听懂面试官的客套话，能为你的求职节省很多时间。同样是让你等通知，不同的表达方式可以表示两种截然相反的结果。

苏明今年刚大学毕业，参加了所在城市一家颇具规模的公司的面试，他与面试官的交谈很愉快，面试官对他的专业和实习经验也很满意。当谈及工资待遇要求时，苏明说："我的要求也不高，能让我交得起房租吃得饱饭。另外最重要的是能给我一个提升空间。"面试官听完笑着对他说了句："你的情况和要求我们已经大致了解了，我们会再通知你。"苏明回去后左等右等，一个星期过去了，也没有接到这家公司的通知。

张航去一家人才市场面试，看到一家公司的招聘信息很适合自己所学的专业，于是就向他们递交了简历。看了他的简历，主考官问他："你好，请问你是想应聘我们公司的什么职位？"

"我想应聘贵公司的设计员一职，但是我没有研究生学历，如果不行的话，我想我可以应聘检测员一职。"说着，张航又递了一份他的成绩单给面试官，面试官认真看了一下，说："其实我们的设计员一职并不是一定要求有研究生学历，我觉得你的成绩非常优秀，如果你的绘图能力不错，我们也可以考虑对你例外。

当谈到待遇时，张航说："我希望月薪可以达到4000元。"

面试官说："我们可以考虑你的薪资要求，你稍后先交一份简单的设计方案图给我们，我们会在几天后联系你。"说着还站起身来跟张航握手告别。

张航觉得自己对这个职位并没有十足的把握，他认为面试官让他回去等通知，说明自己的表现不够好，于是回去后简单收拾了行装，踏上了回乡的路程。当他接到电话通知他尽快去公司上班时，他已经坐上了回家的火车，也错过了这一大好机会。张航对自己的错误判断后悔不已。

上面两个例子，都是因为求职者对主考官的客套话理解不透彻，让自己遭受了不必要的损失。你要听懂面试官的客套话，还要留心他说话时的态度。如果主考官只是以敷衍的语气说"我们会再通知你"，其实已经表示对你兴趣不大，或者说得不客气一点，就是"你已经被淘汰了"。那就不用再浪费过多的时间去等他们的通知了，因为不管你等多久，他们也不会通知你的。但是如果主考官态度热情地告诉你"我们会在几天后联系你"，并且在你离开的时候还亲切地与你握手言别，或者还会再加上一句"欢迎你应聘本公司"的话，这就是明显地表示"你的面试已经通过，我们期待你的加入"。

同样都是客套话，表面意思也都差不多，但是所表达的深层含义却完全不同。你想听懂面试官的客套话，就要善于观察面试官对你说话时的神态和语气。只有真正听懂了面试官的客套话，你才会不再为有没有必要等通知而过于烦恼。

3. 根据提问，判断面试官的个性和好恶

要想在众多的求职者中获得工作的机会，就必须引起面试官的兴趣。这就需要找到面试官的兴趣点，才能"投其所好"。但是每个面试官都有自己的个性和好恶，怎样才能摸准考官的喜好呢？

面试的时候，我们必须以面试官为中心，根据他们的个性、好恶"见风使舵"。面试中的见风使舵是根据环境的改变，调整自己的应对策略，并不是毫无原则地附和。比如说，我们面对一个性子很急的面试官，难道我们还能慢慢吞吞地回答他的问题吗？

一位大学生刚刚毕业，有一次参加面试时，面试官向他提出了这样一个问题："你为什么想到我们公司来做事？"由于在学校的时候养成的习惯还没有改掉，他谦虚地回答："我希望能通过在贵公司的学习获得更快更大的进步。"结果，他被直接淘汰掉。

之所以很快被淘汰掉，主要的原因就是这位大学生没有把握住面试官的兴趣。在社会竞争日趋激烈的今天，面试官需要的是能够给公司带来利润的人，而不是一个前来学习的人。尽管这名同学可能一样具有足够的知识和能力做这份工作，但是最终与这份工作无缘。

其实，说到底，面试就是面试官挑选自己喜欢的人的过程，作为被挑选对象的求职者自然要符合面试官的标准，才有可能会被挑中。在回答面试官提出的问题的时候，你先要思量一下面试官希望听到什么样的答案。有才华的面试者还要懂得迎合面试官的兴趣，这样在面试官的眼里，你才是最优秀的。如果不懂得如何迎合面试官的兴趣，参加面试时我行我素，即使你再有才华，也不会被面试官看进眼里。

每个人的个性和好恶都能从他的生活细节中体现出来，最能体现出面试官的个性和好恶的自然是他们的提问，面试官的个性和好恶往往会在他的提问的内容和方式中展现出来。

也有些面试官，面试一开始就会给求职者一个下马威。他们的问题多刁钻古怪："今天为什么穿得这么正式？""为什么想来我公司应聘？""你说你有领导能力，怎么体现？""你的英语怎样？你的简历上写得很好。""你学历这么高，我们要不起你怎么办？"

这样提问的面试官个性随意，心直口快，但是也比较尖刻，是十足的强悍派。

有些主考官在面试过程中的提问简洁明了，对多说一个字都很吝啬。比如说他提问的时候会直接说："自我介绍一下吧""你最成功的一件事"

"你最失败的一件事""你最深刻的一件事""你在大学里有什么收获""你有什么职业规划"等中规中矩、概括性强但是却枯燥无味的问话。这让很多应聘者精神紧张、无所适从。

面试官所问的问题几乎全部都是概括性的问题，而且简单得有些无聊，这也说明，他是一个很讲求实际的人，他希望应聘者善于分析总结，同时，他认为这些简单的问题足以判断出一个应聘者的素质。又或许，这种古板应付的提问，意味着他对该申请人毫无兴趣。

而好奇心强，又非常现实的主考官经常会以这种方式提问："你的同学一般都怎么找工作的？找什么类型的工作？""你的成绩是不是不好才不做技术？""你觉得压力大的时候是什么时候？""你们班里的男生一般找哪些工作，女生呢？""女生的成绩是不是没有男生的好啊？""你的那么多经历，印象最深刻的一个是什么？"这类面试官也属于是心直口快型的。

乐于夸赞别人的面试官会这样问："你以前那么多的好主意都是怎么想出来的？""你上学的时候要做那么多兼职，不用读书吗？""在你的经历中，有没有摔倒过在什么地方？""你是女生，要想有所成绩就要承受更多的工作压力，你有没有心理准备？""你觉得你第一次面试的时候表现怎么样？"这类面试官喜欢听别人的故事，同时对其他公司的招聘很好奇。

在面试的过程中，很多问题从表面上看都是一样的，而每一个面试官想要听到的答案是不一样的。所以，参加不同的面试，不能用一样的答案来回答面试官的问题，而应该通过对该面试官的了解，以及自己对该公司、该行业的了解，用不同的表达方式说出来。

虽然每一个面试官的个性和好恶各有不同，但是每一个面试官进行面试的目的却是一样的，都是为了寻找最适合工作的人。明白了这一点，求职者就可以通过对面试官性格的初步判断，大致地确定在面试中说什么样的话，才能引起面试官的兴趣了。

4. 识破面试官激将法的真实意图

现代社会竞争日趋激烈，面试官为了能够挑选到最合适的员工，在面试的过程中，难免会采取一些特别的办法来考察求职者的综合能力。激将法就是面试官用来淘汰一些面试者最常用的手法之一。

如果求职者不能正确应对面试官的激将法，面试官的激将法就会像是一记重拳打向我们，结果只能是我们被淘汰。面对面试官激将法的重拳，如果我们立刻予以狠狠的还击，最后自己必然会被打倒。但是，如果我们不予理会、立刻闪避，那么我们依然难逃惨败的结局。最好的办法就是以柔克刚，让面试官的"一记重拳"像打到棉花上一样。这也正是面试官愿意看到的结果。

面试的过程其实就是谈话过程，激将法在面试中通过语言陷阱表现出来。面试官在面试的过程中会用怀疑、尖锐、咄咄逼人的眼神逼视求职者，还可能会冷不防地用一个明显不友好的发问激怒求职者。

赵刚并不是那种特别优秀的人，学习成绩方面更是不尽如人意。但是他却是应对面试的高手，几乎是每战必胜。每次面试，赵刚的学习成绩自然而然地是面试官们攻击的对象："你的成绩并不出众，你的能力又从哪方面表现出来呢？"

赵刚不慌不忙地回答说："学习成绩并不能完全证明我的能力，除了学习，我还有很多其他活动，事实上，我的专业能力是相当不错的，如果您对我的专业能力有所怀疑，我可以做当场测试。"赵刚聪明地绕开了令人尴尬的成绩问题，避重就轻，拿专业能力说事。既没有掉进面试官的陷阱中，也没有和面试官发生正面冲突。

面试官用激将法的目的就是为了考察应聘者的性格、智慧、应变能力和心理承受能力，而并非是真的为了打击你。当面试官提出一些比较尖锐的问题的时候，你最应该做的就是保持冷静，可以用明谈缺点实论优点的方式巧妙地绕开面试官所提出的令你感觉尴尬的问题。如果你轻易地就被面试官的激将法"激怒"了，那这场面试你就完全输掉了。

每个求职者都有自己的缺点，在面试的过程中，如果面试官抓住你的缺点来"激怒"你，告诉你你不能胜任这份工作，如果你能避开他的话题，通过放大自己的优势来遮掩突出的缺点，引导他不断地发现你的优势，那么到最后，他必然会觉得你一定会在这份工作中大有所为。

如果对方说："你刚毕业，又没有工作经验，而我们需要的是社会经验丰富的人。"你如果回答："不见得吧。"那么你已经掉进了激将法的陷阱，对方这样说是想知道你对自身欠缺问题的看法，而不是生硬的反驳。你不妨这样回答"我觉得这样的说法未必全对，我虽然没有工作经验，但是我学习能力很强，接受新事物也比较快。我相信如果有缘加盟贵公司，我将会很快成为经验丰富的人，我也希望自己有这样一段经历"。

如果对方说："你的专业怎么与所申请的职位不对口。"如果你直接回答："我看未必"，就很容易引起面试官的反感，你可以巧妙地回答说："21世纪最抢手的就是复合型人才，而外行的灵感也许会超过内行，我虽然不是学的本专业，但是我没有思维定式，没有条条框框，我认为这是我的优势。"

如果对方说："你性格过于内向，这恐怕与我们的职业不合适。"你可以微笑着回答："据说内向的人往往具有专心致志、锲而不舍的品质，我虽然不善言辞，但是我善于倾听，因为我觉得应把发言机会多多地留给别人，这也是一种美德。"

激将法就是这样，往往充满了挑衅意味，面试官经常哪壶不开提哪壶，总是揭求职者的短处，这很容易让一些求职者产生暴怒的情绪，甚至失去理智，直接顶撞面试官、发生正面的言语交锋。又或者有些应聘者若表现得局促不安，随声附和面试官的问题，结果结结巴巴，脸红脖粗。应聘碰到此种情况，一定要保持头脑冷静，明白对方在做戏，千万不要中了圈套。

5. 当考官问"能谈谈你的缺点吗"

在面试的过程中，有的考官即使觉得求职者的表现很令人满意，但是还是会提一些比较尴尬的问题："你能谈谈自己的缺点吗?"有的求职者连忙摇头，自大地回答说："我不觉得自己有什么缺点。"还有的求职者会不假思索地说："我的缺点就是比较散漫吧，不喜欢受纪律的约束。"或是其他致命的缺点。这样的求职者面试官肯定是不敢要的。

每一个求职者都希望尽可能多地向面试官展现自己的优点，博得面试官的好感。然而站在面试官的角度，他想要了解的信息是你的缺点。"能谈谈你的缺点吗？"几乎成了每一场面试都会被问到的问题。

这个问题让很多求职者感觉到头疼，他们不知道什么样的答案才能令面试官满意。不能说自己没有缺点，毕竟每个人身上多多少少都会有缺点，如果说自己没缺点，那肯定会给面试官留下一个狂妄自大的印象；又绝对不能过多地提自己的缺点，缺点说得太多了会掩盖自己的优点，总不能搬石头砸自己的脚啊。

周红是刚刚毕业的大学生，意气风发的她去参加面试，面试官在问了一些专业问题后，又问周红："能谈谈你的缺点吗？"周红没有想到面试官会提这样的问题，也从未对自己进行过认真的分析，一时也不知道该说什么了，于是高傲地说："我觉得我自己没有什么缺点，反正我是什么都能干。"面试官微微一笑，让她离开了。

事实上，面试官问关于缺点的问题，是想要知道你对自己究竟有没有一个清醒的认识，而并非是一定要从你口中知道你到底有什么缺点。如果连自己的缺点都搞不明白，那么怎么在职场中不断提高自己的能力呢？对于面试官这样的问题，求职者不能回避，要巧妙回答，影响工作的缺点和"没有缺点"的结果是一样，都会让你失去工作。

当面试官提出让你谈谈自己的缺点的时候，你首先要坦然承认，博得认同。每个人都有优缺点，这一点是众所周知的，坦然承认自己有缺点证明你是一个诚实的人，面试官也会对你的坦诚产生好感。另外，你还要向面试官表明自己一直在试图克服缺点。你能够正确认识缺点和努力改掉缺点的精神，无疑会加深面试官对你的印象。以下是几种方法可以让面试官对你"打高分"。

1. 学会避重就轻

当缺点问题避无可避的时候，就要采用避重就轻的方式来回答。比如说，以过去的一个实例来证明自己曾经有过某种的缺点，后来经过努力已经改正了。

令人不放心、不舒服的缺点不要说。比如，性格上的缺点是不能说的，性格上的缺点对于工作的影响非常大，而且又难以改变。如果你说自己有"懒惰"和"情绪不稳定"等缺点，面试官对你的评价一定会降低。

2. 还要善于"打擦边球"

很多时候，我们可以把非人格特征上的缺陷当成是缺点来说。比如说，我最大的缺点就是缺乏工作经验。"缺乏工作经验"对于一个应届毕业生或者是一个参加工作时间不长的人来说，是一个普遍存在的问题，根本就谈不上缺点。这样一来，这种非缺点的"缺点"就可以帮助我们蒙混过关。面试官更不会因为这个人人都知道的"缺点"而拒绝你。

3. 要懂得"明谈缺点，实论优点"

在向面试官说明你的缺点的过程中，把自己的优点也穿插进去，以便平衡缺点给你带来的负面影响。就像一首歌里唱的"我很丑，但是我很温柔"，着重点还是要放在自己的优点上。比如说："我的创新能力不是很强，但是我做事细心谨慎"或者是"我不太善于和别人交往，但是我做事很勤恳"。在"明谈缺点，实论优点"的时候还要注意与自己申请的工作相结合，尽量说那些和工作无关的缺点，但是优点却是和工作密切相关的。这样你的缺点就没有什么影响了。更加重要的是也不能毫不相关的优缺点结合到一起来说，否则你的优点就难以掩盖缺点带来的影响。

有缺点并不可怕，你要敢于承认它、改正它。不能把那些明显的优点说成缺点，优点和缺点在很多情况下是可以相互转化的，在某些情况下是缺点的部分在另外一种场合可能就变成了优点。但是在面试官面前千万不能这样回答，那只会让你的回答显得非常"不老实"。只有坦然承认，消除误会，才有机会使消极评价转化为积极的评价。

6. 面试官最爱设的五个圈套

面试是求职者选择职业的过程，也是企业挑选人才的过程。初次见面，公司想要了解你的真实实力，求职者也想把最好的一面展现在面试官面前。面试官认为平平淡淡的交流并不能帮助他们考察出求职者的综合素质，面试官往往会设置各种各样的"圈套"，以探测你的智慧、性格、应变能力和心理承受能力。

如果你轻易地落入这些"圈套"，那么面试官就会认为你能力不足，结果自然是以失败告终；想要成功地绕开这些"圈套"，首先要了解面试官最常用的圈套有哪些。

1. 面试官最常用的圈套——激将法

面试官在提问之前往往先用气场和眼神打击对方的自信，给求职者造成心理上的压力，进而攻破对方的心理防线。他往往会以咄咄逼人的架势，用一个"不友好"的问题让求职者心慌意乱、心乱如麻，以此来探视对方的反响和应变能力。面对面试官咄咄逼人的提问，如果你不能正确对待，回答时语无伦次、结结巴巴，或者是怒不可遏、面红耳赤地与面试官发生争吵，最终的结果都是失败。

在回答面试官"不友好"的提问时，你可以用风趣的答复方法避开面试官的问题，切不可因为面试官气势上的压力而心中波澜起伏。比如说当面试官咄咄逼人地问："我们需要的是名牌院校的毕业生，而你不是。"这时候，你千万不能急于争辩，你可以用心平气和的语气这样回答："据说比尔盖茨也未毕业于哈佛大学。"回答面试官的问题时要注意自己的表情和态度。微笑着直视对方的眼睛，不要被对方的气势所吓倒，以平和的态度、自然流畅的语气回答才是最佳的选择。这样会令你在面试官心中的形象大大提升，你离成功也就不远了。

2. 面试官最常用圈套之二——挑战式

面试官常常从求职者最单薄的地方入手，来打乱求职者的阵脚。每个人都有自己欠缺的地方，比方资格、学历、经验等方面，这些都是求职者最常见的缺陷。面试官会从这些薄弱的地方下手，戳痛你的软肋，以此来考验你对自己缺陷的态度。如果你默认了面试官对你的这些具有"挑战"意味的评价，那么你已经落入他的"圈套"了。如果你强硬地"防御"，结果同样是失败。

应对这样的问题，你既不能默认，也不能直接否定、急于回击，要以委婉的方式驳倒面试官的观点。面试官说你没有相关的工作经验，恐怕不能胜任这项工作时，如果你直接否定，那么面试官会认为你是一个狂妄的人；如果你全盘接受、点头称是，那么面试官会认为你的确是像他说的那样没有工作能力。如果你回答："你这样的说法也有道理，但我恐怕不能完整接受。"首先承认自己在经验上确实有不足，其次要说明自己的不同看法：没有经验不意味着没有工作能力。有理有节的回答，才能让面试官对你刮目相看。

3. 面试官最常设圈套之三——诱导式

面试官为了引诱求职者做出答复、更快地筛选人才，往往会为问题设定一个特定的背景条件。有些求职者不论面试官提什么样的观点，都顺着面试官的意思来回答问题。但是对面试官的观点不加辨别，就随声附和，很容易落入面试官的"圈套"中。比如面试官说："以你的学历，应当不难找到更好的公司吧？"如果你回答"是"，那么面试官就会认为你会"吃着碗里的，还看着锅里的"。如果你回答"不是"，他又会觉得你是缺乏自信或者能力不够。

对于这样"诱导式"的问题，你可以以"不可一概而论"作为开头，给出一个比较中庸的答复："或许我能找到更好的公司，但我认为别的公司在对人才的重视程度上不如贵公司，机会也不如贵公司多。"这样的回答，既说明自己是有能力的，又表达了你对这家公司是向往的。这样一来，面试官就挑不出你的毛病了。

4. 面试官最常用圈套之四——测试式

面试官有些时候会虚构出一个特定的场景，让求职者回答虚拟的问题，考核求职者的应变能力。面试官可能会问"今天来参加面试的有近二十人，你怎么才能证明你是其中最优秀的？"这其实不是一个真实的状况，而是一个虚拟的场景。如果你像平时面试一样列举自己的优势，总会有别的求职者没有而你有的优点，那么你的回答必然是没有任何意义的。

面对这样的问题，你要从侧面绕开，将虚拟的问题具体化。你可以说："这一点要因具体情况而论，贵公司现在所需要的是技术方面的人才，当然其他应聘者也都是技术方面的人才，但是这方面我有非常扎实的基础，我相信这会是我的优势。"这样的回答虽然看起来比较简单，但是不会给面试官留下不好的印象。

5. 面试官最常设圈套之五——引君入瓮式

引君入瓮式的圈套是最难防、也是最危险的。面试官往往会让你通过一个简单的问题来表达自己的见解，假意站在你的这一面，以你的立场来提问："你原来工作的那家单位肯定不好吧，要不然你也不会跳槽了。"或许他的猜想正是你要跳槽的原因。如果你在这个时候义愤填膺地抨击你原来的公司,那么你就跳入了面试官的这个陷阱。面试官一定会觉得你不仅是一个心胸狭窄的人,还喜欢在背后论人是非。

面对这类简单的问题,千万不要因面试官的语气而困惑,要提高警惕。你要知道,面试官绝对不会无缘无故地问出一个和面试无关的问题。回答这类问题的时候,最好站在客观的角度来叙述事实,这样才不会让面试官轻易地从你的回答中抓到你的把柄。

7. 面试官的沉默意味着什么

在求职面试的过程中,我们有时候会遇见喜欢保持沉默的面试官,无论你说什么、做什么,他都坐在那里无动于衷。这常让面试的过程显得尴尬,也会让一些求职者感到不知所措。只有主动打破尴尬的气氛、营造良好的面试氛围,与面试官的交流愉悦、顺畅才能增加面试成功的概率。

面试官保持沉默有可能是他刻意安排的,他想通过观察求职者置身于高压、尴尬的环境中的所作所为,来判断求职者是否具有临场应变能力和相应的心理素质。当然了,沉默也可能是面试官正在思考其他的问题,故而走神。无论是哪一种原因,求职者都要学会应对这样的面试官,应对这样尴尬的场景。如果你不能打破这种尴尬的局面,或者坐等面试官打破尴尬的局面,那你注定会被淘汰。

李勤在毕业后的第一次面试中就遇到了沉默的面试官,李勤的专业成绩一直很优秀,在面试之前还做了充足的准备,他确信自己一定可以在这场面试中胜出。刚开始面试进行得非常顺利,然而正当李勤满怀信心的时候,面试官突然保持沉默。这突如其来的状况让李勤一时之间不明所以,也不知道该如何应付。这完全打乱了李勤的思绪,他不知道是不是自己哪句话不小心得罪了面试官,就一直坐在那里不知该说什么好。大约两分钟之后,面试官开口打破了僵局,李勤的面试也以失败告终。

沉默可以作为面试官的"撒手锏",因为考官的沉默能有效检验应聘者的心理素质和办事能力。只有那些沉着冷静、处变不惊的人才是他们想要的人才。在面试过程中,很多求职者不敢也不善于打破沉默,面对考官的沉默不语,自己尴尬地沉默以对,结果使面试出现冷场。事实上,求职者的主动致意与交谈,才会给面试官留下良好的印象。

面试官制造沉默场景的方式有很多,他或许会什么都不说,就干坐在那里,也可能低着头看自己的东西,让你丈二和尚摸不着头脑。不管怎样,你都要保持冷静的头脑,用最快的速度想出打破尴尬的办法,只有这样,你才能成为面试官心中的"千里马"。

面对面试官的沉默,你可以补充前面谈话的内容。当你回答完面试官的问题时,他仍不置一词地坐在那里,这个时候,你可以选择从正面或者反面来补充自己刚才说过的话来打破僵局,或者你也可以对你刚才说过的话进行总结。这样既打破了尴尬的局面,也让面试官感觉你是一个思考问题周密的人。总之,不要让你与面试官的谈话停顿太长的时间。

如果你觉得原来的话题该说的都已经说完了,你可以选择一个新的话题继续谈下去。当然这需要考验你的临场应变能力和良好的语言组织能力。如果你实在是想不到什么话题,还可以采用将"球"踢给面试官的方式,比如说:"以上是我个人的基本情况,对此您有什么看法?""您还有什么需要了解的吗?"逼面试官说话,让自己从尴尬的局面中解脱出来。最好能在面试之前,多想几个可以在面试中用到的新话题,这样一旦遇到冷场时,新的话题就可以信手拈来,与面试官进行新的讨论。

要打破面试中沉默的尴尬气氛,还可以抓住时机,对面试官加以适当的赞美。每个人都喜欢听赞美的话,面试官也不例外。比如说,在面试官的桌子上放了两盆漂亮的花,你就可以从这两盆花入手,赞美对方有生活情调,是个会享受生活的人。这样小小的赞美,既可以引起面试官的注意,又能打动面试官,让他对你产生好感,拉近你与面试官的距离,也使面试不至于陷入尴尬的局面。这里要注意的是,赞美一定要适当,不能做毫无根据的夸赞,否则只会适得其反。

当然,这一切都要求我们要有良好的心理素质。只有拥有良好的心理素质,才能在面对这样的状况时保持清醒,想出应对之策。既然面试的过程就是要考察你的综合能力,应变能力自然也在考察的范围之内。因此,我们要不断锻炼自己的心理素质，增强应付意外事件的能力。在面试之前一定要有充分的准备，不要被面试官的突然沉默打个措手不及。

8. 面试官问你离职的原因是想了解什么

每个人在职场上都不可能确定自己会为该单位贡献一生，跳槽是职场上很常见的事。然而跳槽的原因却很容易成为跳槽之后的就业阻碍。站在公司的立场来说，面试官当然希望自己能够招到一个能够为公司长期效力的人。因此，只要你是换工作的，几乎每一家单位都会在面试中问到同一个问题"你能否说一下你离开原来单位的原因？"这个也算给求职者出了一个难题，因为问题的答案往往可以决定你能否成功地就业。

有一些会影响到招聘单位对你的评价的原因却不能照实说，否则，新的单位也担心你会因为同样的原因，草率地离开公司。

不可以回答说是因为"收入太低"。如果你回答说你的离职原因是因为收入太低，会让面试官觉得你是一个随时会跳槽的人，你对收入的要求会随着工作时间的加长而不断提高，但是公司的薪资制度可能无法满足你对薪水的需求，就算是面试官觉得你是个人才，也是不愿收你的。而如果你在那家公司做出了许多成绩，而自己获得的薪酬的确非常不合理，你可以详细地说明，相信面试官也会理解你的选择。

"人际关系复杂"也是一个让人忌讳的答案。因为人际关系复杂就跳槽的话，只能说明你缺乏人际交往的能力。企业都是讲团队合作的，没有人不需要面对复杂的人际关系，而新的用人单位中同样有复杂的人际关系。既然你不能适应，那么，面试官怎么会愿意把你招进公司，然后再等你跳槽呢？

不要说"分配不公平"。没有面试官喜欢爱发牢骚的人。如果你向面试官抱怨说你是因为觉得原来的公司分配不均才跳槽的，那么面试官会认为：第一，你没有竞争优势；第二，喜欢刺探别人的收入也说明对自己的工作并不是很认真，或者你的心思并不在工作上。有了这样的评价，那你必然是不可能被录取的。

"领导频频换人"也不能成为你跳槽的原因。作为普通的员工，你最应该做的事就是认真工作，而不是质疑公司对人事变动的决策。如果你说是上层领导的变动会影响你的工作，面试官会认为你的适应能力太差。也不要说上司的毛病。如果你仅仅因为上司有毛病就离开公司，那么面试官就不得不考虑：在以后的工作中，你难免要跟各种各样的人打交道，如果遇到难缠的客户，你会不会也一走了之。

不能说是因为"工作压力太大"。这是一个竞争激烈的社会，每一家公司都顶着巨大的压力在工作，员工的压力自然也不会小。如果你不能负荷工作中的压力，没有公司会愿意聘用你，一个不敢挑战困难的、懒惰的人在工作上也不会有什么成就。

小宋是一个经验丰富、业绩突出的业务员，但是因为长期和上司不和离开了公司。

在去另一家公司面试的过程中，小宋就被问道："你为什么离开原来的公司？"小宋毫无保留地照实告诉了面试官，结果他的应聘以失败告终。面试官认为小宋在这家公司两年，还没能和上司搞好关系，那么说明他是一个不善于搞人际关系的人，这样的人将来在自己的公司也同样会这样。

在又一次的面试中，小宋又被问到了这个问题，小宋吸取上次的教训，回答说是因为"工资太低了"，结果仍然没有被录用。

用人单位想要通过求职者离职的原因了解更多关于求职者的信息，然后根据求职者在原来公司的表现推测求职者将来会在自己公司的表现。在回答面试官的这个问题的时候，你的答案不能留给面试官猜想的余地，让他觉得你所说的原因在自己公司也会出现。

在向面试官诉说你的离职原因时，你要先想一下你的答案会对面试官对你的判断产生什么样的影响。掺杂着主观的负面感受原因都会让人觉得这与你自身的缺点有关。因此，在面试时，主观的离职原因最好少说或者不要说。在说到你的离职原因时，你可以避重就轻地说一些客观的原因。比如，你可以根据自己的实际情况说，上下班路途远、专业不对口、结婚、生病、休假等，这些答案不会影响新的用人单位对你的评价。还要注意的是，避免这些敏感话题还要建立在诚信的基础上，尽量要在实话实说的基础上适当修饰一下。

9. 当面试官问你"还有什么问题要问吗"

通常在面试结束的时候，面试官都会留给求职者一个提问的机会"你还有什么问题要问的吗？"这个时候，很多求职者要么就直接说"没有"，要么就问几个没有水准的问题，结果使自己本来已经要到手的工作又丢了。其实，面试官最后的"你还有什么问题要问吗？"也是面试的一部分内容，求职者的反应也会作为面试官评价求职者的依据。

一般来说，不提问是不好的，面试官既然这样说了，自然是希望求职者能够提出几个问题来。如果你不提，只能说明你缺乏思考的能力，对这份工作没有认真地思考过。提出的问题太没有水准就更不好了，比如说，你提休假、薪水等问题，这只能说明你对工作本身并不感兴趣，这会成为面试的"致命伤"。

那些不爱提问的求职者要么就是不知道提什么问题，要么就是怕自己的提问会让面试官不高兴。事实上，如果你能够提出一些漂亮的问题，被录取的概率将会大大增加。那么在面试中，哪些问题可以向面试官询问呢？

1. 贵公司对这项职务的工作内容和期望目标是什么？有没有什么部分是我可以努力的地方？

这个问题可以向面试官传达这样的信息：我对这份工作非常感兴趣，渴望了解工作内容并希望能够做出成绩。作为求职者，本就应该针对工作本身进行发问，因为你将来是要在这个工作岗位上工作的，如果你连工作内容都不了解，如何能证明你能够做好这份工作。如果你对工作本身一点兴趣都没有，连问都不问，谁能保证你会在工作中认真工作。

这个问题的后半部分更加重要。经过前面的面试，面试官对你已经有了深入的了解，这个时候，你向他询问自己还需要在哪一方面进行努力和改进，那么他会非常高兴地告诉你，因为他也希望你能够在工作中做出出色的成绩。这个问题会大大改善他对你的印象。

2. 贵公司能超越同行的最大利基点为何？

向面试官提出这个问题，正好可以证明你非常关心并认可这家公司，并渴望深入地了解这家公司。这会让面试官觉得你对这份工作充满了激情和热爱。

3. 在项目的执行分工上，是否有资深的人员能够带领新进者，并让新进者有发挥的机会？

这个问题已经涉及了工作的方式上了，在面试的时候能够想到工作上的事情，说明你非常希望能够做好这份工作。相信面试官也会非常高兴解答你的这个问题。

4. 贵公司是否有正式或非正式教育训练？

5. 贵公司是否鼓励在职进修？对于在职进修的补助办法如何？

这些问题说明你是一个具有进取心和上进心，并且乐于学习的人。社会发展的速度越来越快，如果不学习很快就会被甩在后面。所以，现在大多数的企业对于乐于学习的人和善于学习的人都非常重视。你提出这个问题会给你的面试增分不少。

6. 贵公司的升迁管道如何？

7. 贵公司的多角化经营，在海内外都设有分公司，将来是否有外派、轮调的机会？

8. 贵公司在人事上的规定和做法如何？

无论是谁，进入一家公司后，发展空间是每一个求职者都非常重视的问题。而每一家公司都会给予员工一定的上升空间。问这三个问题说明你对自己的职场生涯有一个明确的规划，是一个充满上进心也敢于挑战的人。

9. 能否为我介绍一下工作环境，或者是否有机会能参观一下贵公司？

10. 贵公司强调的团队合作中，其他的成员素质和特性如何？

工作环境的好坏对于员工的工作效率来说有着很大的影响，这个环境既包括人文环境，也包括地理环境和办公环境。如果你能在面试的时候向面试官提出这两个问题，说明你是一个考虑周到，且对工作要求较高的人。

以上的问题都有一个共同的特点，那就是完全以招聘公司和工作为依托进行发问的，所有的问题归根到底都可以从各个方面来说明你本人对工作的热情和对这家公司的认可。面试官对于这样的求职者自然是欢迎之至。总而言之，向面试官提出的问题一定不能只是一味地关注自身的利益，那将会让面试官对你的印象大打折扣。

第五章
穿越语言迷雾，看穿他心中的鬼

1. 以忙为借口拒绝你的人可能只是需要你再三邀请

在人际交往中经常会遇到这样的情况：你邀请一个平时关系很好的人来参加你举办的朋友聚会，但是对方却以工作太忙拒绝了你。这个时候你要仔细想想，是不是他真的很忙？平时也没少见他参加一些聚会啊，据你了解，他工作中也没有那么多的事情需要他用业余的时间来处理。那么他又为什么拒绝你的邀请呢？

其实，这是一种很奇特的现象，在男女之间的交往中尤其多见。很多人认为越是容易得到的东西，一旦得到了就不会去重视了；只有费尽周折得到的，人们才懂得去重视去珍惜。同样地，对于那些平常很容易就能见到的人，人们也不会太重视，而只有对那些再三邀请却一推再推的人才会愈加珍视。三顾茅庐便是典型的案例。

刘备深知诸葛亮是个难得一遇的奇才，希望能够请到他帮助自己打天下，于是和关羽、张飞一起去隆中请他出山。

第一次去诸葛亮家拜访，适逢诸葛亮不在家。刘备只好留下姓名，失望而归。

过了几天，刘备听说诸葛亮回来了，又带着关、张二人马不停蹄地冒着风雪往诸葛亮家赶去。谁知道诸葛亮恰好又出去了，张飞气得直跳，关羽也满腹怨气。

直到刘备第三次去隆中，才终于见到了"繁忙"的诸葛亮。对方却又因刚出山回来很累而呼呼大睡，刘备就恭恭敬敬地在门外一直等到他醒来。

等到终于坐下来交谈了，诸葛亮对天下形势做了非常精辟的分析，让刘备无比叹服，而刘备的诚意也打动了诸葛亮，答应出山相助。

在这个故事中，我们常常只是正面评价刘备的求贤诚意，却忽略了诸葛亮的欲擒故纵的行为。其实，若是仔细分析，我们便可从中看出一些端倪，刘备第一次登门的时候已经留下了姓名，诸葛亮又怎么会不知道呢？刘备站在门口恭候，心思细密的诸葛岂能察觉不到？他这么做一方面是想借此考验刘备，另一方面也是想加大自己身份的筹码。

有些人你邀请不到的确是因为太忙，但有些时候，忙碌不过是他故意制造的假象，目的只是为了突出自己的身份，或者说是借此提高自己的"身价地位"。因此，如果你邀请的人对你真的重要，那么就从多方面着手，看看他到底是真忙还是假忙，如果是假忙，那只要你再三邀请，他就一定会同意的。

很多人并不是忙到连和你见几十分钟的时间都没有，但他一定要显示出自己很忙，没有空闲。故意制造这一假象的目的，不过是为了让你知晓他为了和你见面会推脱掉许多其他事宜，让你产生好不容易见一面，一定不敢怠慢的心理。

我们了解了他们的这些小伎俩，在邀请一些重要人物见面而遭到拒绝时，就不妨来个再三邀请。并且在邀请的时候，还要注意表达出自己足够有诚意，主动加重提及对方忙碌的程度，并且隐喻地表示你明白他的身份非同一般。比如："张总，我知道您最近特别忙，打扰您真是不好意思，不知道您下个周末有没有时间？"如果第一次对方拒绝了你，那就第二次、第三次，如果不是对方确实没有时间或者确实不想答应你，当对方觉得时机和火候都差不多了，自然会答应你的。

对于某些人的邀请，如果你张口就答应，很难显示出你的身份，甚至会让别人看轻你。这就好比在砍价的时候，你说个价，对方立即痛快地答应，你心里难免犯嘀咕，自己是不是买亏了，为什么他答应得这么爽快？

例如在演艺界，一个小有名气的演员忽然接到一部重头戏，接到导演的电话，他绝对不会满口："好好好，我一定按时到。"他通常会说："哦，我得先看看我的日程安排。"接着他装模作样地翻翻旁边的小本子，或者和身边助理小声嘀咕几句，然后才说："好的，我把时间安排好了。"这其中隐藏的暗语就是：我要稍微摆个架子，制造一派忙碌的繁华景象，让别人觉得这个人有实力，忙得很，好不容易才能请到，以此提升被重视的力度。

这样的例子在社交场合就更是不胜枚举。有些人邀请一些重要客户会以这样的方式，比如："赵总，下周二您有空吗？我想把修改好的计划书再给您看下。"对方一般不忙着回答有没有空,而会思考一会儿,说:"我看情况吧,到时候你提前和我的秘书联系下。"也许他下周二并没有那么忙,备忘录上的时间也标记得很清楚,但他还是想通过自己很忙不能立刻答应你的请求来显示自己的地位。

2. 强调和你有某些共同点的人,是为了博取你的好感

古人云:道不同,不相谋,如果两个人能成为很好的朋友,那么他们一定或多或少有些共同点,很多时候,正是因为某些共同的兴趣和爱好,才拉近了他们彼此的距离。在人际交往中,我们也往往对于跟自己有共同语言或者跟自己相似的人更乐于接近。

因此,有些有心的人就是利用这点来故意制造接近他人的机会。比如,业务员想讨好客户、公司职员想获得上司的好感、男人希望得到心爱女人的心等。

宋先生是一家大型时尚小商品连锁店的市场经理,每次逢年过节搞优惠活动或者开一家新的连锁店的时候,都要在市面上公开发放许多宣传页,并且每家连锁店的宣传海报也由宋先生统一负责。

宋先生有一次在朋友聚会中偶然结识了李军,在聊天中,宋先生发现,李军和自己有许多共同点,比如:宋先生喜欢爬山,李军也喜欢;宋先生钟爱古典音乐,李军也喜欢。李军还说自己收藏了很多古典音乐CD。于是,宋先生觉得他们真是投缘,他非常高兴自己找到了"知音人"。临走的时候,他们互留了电话。

过了几天,李军打电话给宋先生,请宋先生去离他们公司不远的一家西餐厅吃饭,宋先生应邀前去,席间两人的交谈十分融洽。最后,李军拿出几张古典音乐的CD送给宋先生,宋先生十分高兴,为了表示感谢,宋先生也送了一套登山用品给李军,这样没多久他们就成了称兄道弟的好朋友。

宋先生后来才知道，原来李军是一个小型印刷厂的老板，当然，最后宋先生负责的一切印刷业务都给了李军。

在人际交往中我们常常听到这样的话："原来你也喜欢买这个牌子的化妆品啊，我也觉得用着不错。""呀，你也对这个感兴趣啊，这可是我的最爱。""真巧，你也喜欢那家餐厅的菜啊！""没想到你也这么喜欢下象棋，下次有时间我们可以切磋一下。"在对方说出像这样一大堆和你相同的特点时，不要以为他真的就是一个和你非常投缘的人，很多时候，他这么说的目的，只是为了故意接近你、博取你的好感。

当然了，我们如果希望赢得上司的好感，或者想要讨好客户，我们不妨也利用人的这种心理，通过得体的语言拉近彼此的距离，来达到自己的目的。必要的时候，我们也可以通过寻找与对方的共同点来"套近乎"，听起来"套近乎"一词似乎略带贬义，但是在生活中却非常管用。找到双方的经历、志趣、追求、爱好等方面的共同点，就很容易为交际创造一个良好的氛围，从而赢得对方的好感、支持和合作。

刘颖从一个小小的出纳，不到两年就升迁到公司的财务主管，说起她的升迁之道，刘颖说："每个懂得巴结上司的人都高升了，不会巴结上司的人就在原来的位置上混日子。实在混不下去了就想办法跳槽。而我算是会与上司搞好关系的人吧。"

刘颖在公司待了半年后，在一次逛商场时巧遇了他们的财务经理杨女士，她想，她一定得好好把握这次接近经理的好机会，当她看到王女士去看一些户外背包的时候，她觉得这是一个好时机，于是也"无意"走到了那里。一抬头，她们都看到了对方，刘颖故作惊讶地说："杨经理，是你呀！"两人客套了几句，杨经理就拿起一个背包试背。

刘颖在一边说："如果在旅游的时候背这个背包真是太棒了。"杨经理笑笑说："嗯，你也喜欢旅游吗。"

"是啊，我非常喜欢旅游，杨经理都去过哪里啊？"

"我去年冬天去了三亚，感觉那是个不错的地方。"

"是吗，我本来打算这个十一去那里。就是又太远了，时间不够。"

"不如去阳朔吧，那里也很好，而且也不算太远，十一长假时间肯定是足够的。"

于是她们打开了话题，因为杨经理是一个人，她们便搭伴逛街，两人越聊越投机，后来在私下里她们经常凑到一块，并且逐渐地发展成亲密的朋友关系。一年后，财务主管调到别的机构，因为与杨经理的私人关系，刘颖也很顺其自然地做了财务主管。

有时候，我们也可以收集别人的一些爱好，在适当的时机"偶然"说出自己的爱好，引发对方对此的兴趣，让对方觉得原来你也喜欢这些啊，由此进入更加深入的探讨，对方的心理防线也会慢慢瓦解，对你产生一种信任感。一旦对方建立起了对你的信任，那么你想要达到自己的目的也就容易多了。

虽然"套近乎"能对人际关系的发展起到很好的作用，但是如果你的动机太过功利反而会引起对方的反感。所以，在有意与别人拉近关系的时候你也要掌握分寸，注意自己的礼仪风度，特别是在异性面前，如果对方真的对你不感兴趣，就不要再死缠烂打了。

3. 向你询问第三者意见的人其实是想知道你的意见

当你的上司问你："你能说说公司里其他人在背后怎么看我吗？"这个时候你可千万要小心了，如果你傻傻地认为"既然是这样，那我就可以放心大胆地说了"，然后就开始数落上司的各种不是，"反正都是'别人'的看法，与我无关"。那你就大错特错了，因为他说这话的真正目的是想了解你对他的看法，而不是所谓的"其他人"。这时候你的回答其实会被他自动归结为你的真实想法。

王凡是一家外资企业的CEO(首席执行官)，他在识人用人方面很有手段。有一次，公司的人事主管因故辞职了，王凡想从公司内部直接选拔一个人接替人事主管的位置。

刘铮和杨瑞在资历和工作业绩上都是比较突出的，他们两个的办事能力也不分高下，于是，王凡想通过他们对彼此的评价来进一步了解他们。

他首先找了刘铮，让他说说对杨瑞的看法，刘铮心里明白，这个时候他不能说出自己对杨瑞的真实看法而给王凡留下不好的印象，从而葬送自己的升职机会。于是他回答说："我觉得杨瑞挺好的，工作努力，和同事相处也不错。不过我听其他同事说，杨瑞好像不太喜欢和大家合作。"刘铮接着说："我这也是听其他同事这么说过，说杨瑞在性格方面是个不大好相处的人，还总喜欢抢别人的功劳。我还听说，他最近想要跳槽……"

王凡又找来杨瑞谈话，他问杨瑞："大家平时对刘铮的评价怎么样？"杨瑞回答："很不错的，大家都觉得刘铮工作很卖力，平时和大家相处也很不错。"王凡又问："我听有些同事说，杨瑞不大喜欢跟大家合作，是这样吗？""可能有时候刘铮是怕麻烦大家，所以把工作自己做了，让大家误会了吧。"杨瑞对此做出了客观的评价。

通过和两人的谈话，王凡最终决定让杨瑞担任人事主管一职。

有些时候对方说出的话也的确是别人的想法，但是绝大多数情况下，对方说的并不是某个人的意见，他把其他人的想法统一，并自己做出判断，选择一种自己认为最可能的想法，这说明他个人比较赞同这种说法。再加上陈述的时候，他不可能照搬别人的说法，多半还要靠他自己描述，所以可以说完全是他本人的真实想法。

有些人为了掩饰某个观点确实不是自己的，会在最后画蛇添足地说一句："他们都这么说，不过我可没这么想。"你若再问："那你的想法是什么呢？"对方通常会笑而不答，或者含糊其词地敷衍一番，因为他的想法就是刚才的想法。

很多聪明的记者就非常善于利用"第三者看法"来引出当事人心中的意见。比如，在采访人命关天的案件的时候，记者知道如果问"你对死者的印象如何？""你觉得死者最近有什么反常吗？"很多人就会警觉起来，闪烁其词，不愿吐露真意。所以，聪明的记者往往会采取这种问法："请问死者的邻居对他怎么看？"对方就很容易放下警惕之心，将自己的想法借邻居之名说出来。

我们在会议上发表意见，或者与他人的交谈中，经常会顾虑自己的观点和说法是否能得到大家的认同和理解。一方面怕说错，另外一方面怕说了给自己带来不好的后果。于是很多时候就把自己内心的想法隐藏起来，不敢轻易表达。

为此，有些人就采取了一种高明的问法，来套出对方的看法。比如："请问他的邻居对他印象如何？""同事都是怎么评价他的？""请问他的朋友认为他是一个怎样的人？"这样就打消了对方内心的顾忌，将自己内心的想法和盘托出。当我们发现别人正在用第三方为借口要我们说出自己的想法时，我们一定要仔细斟酌，不要稀里糊涂就把自己的想法都透露给对方，这样不但不能保护自己，还让自己在更多方面吃亏。

明白这些，我们不妨在了解别人的看法和意见的时候，借询问第三方的意见来引出对方的想法和看法。由于他陈述的是别人的意见，不必承担什么责任，他就会放松警惕，说出自己的感想。或者，当我们被别人用这样的方式来套话，我们看穿了对方的心理，又不愿意暴露自己的内心时，那我们就要慎之又慎，不能轻易被对方套出我们的心思。

4. 嘴上说"欢迎提意见"的人可能心里并不想听到你的批评意见

在日常生活中，我们会经常听到"欢迎提意见"之类的话，但是当我们真的以为对方是喜欢听我们的建议，很大胆地指出不足之处时，人家却听得满脸的不高兴，这是为什么呢？其实，在很多场合里，嘴上说"欢迎提意见"的人，往往心里并不是想听到你的批评意见。

所以，我们想要在社交方面胜人一筹，就必须提高自己的判断和应变能力。当有人先不说自己的想法，而是表现出很大度的样子说："欢迎大家提意见。"你千万不要信以为真，以为他就是喜欢听反对意见。其实越是表面上对别人的否定意见表现出不在意的人越是在意，他们在内心里不希望听到你的批评意见。因此，如果你能很轻易就识破这样一种心理，你就不会在这方面吃亏。

田辉毕业后在一家私营的建筑公司工作。老板对重点大学毕业的田辉非常看重，田辉也不负老板的期望，工作业绩非常突出，一些别人难以完成的任务，田辉也能妥善解决。不到一年，田辉就被提拔做了销售主管。在工作中兢兢业业的田辉得到老板的赏识，老板经常和他一起商讨比较重要的问题。渐渐地，田辉觉得自己在公司中已经有了非同一般的地位。

在一次公司召开会议商讨和台湾一家大公司的合作方案的会议上，老板将自己的计划和合作意向书拿了出来，让大家看一下。他大度地说："看看大家有什么意见，尽管提。"公司里的其他几名主管看了之后都没有说什么。但是田辉认为如果按照这个合作方案进行合作，公司能够得到的利润非常小。于是他很坦率地提出他觉得这个合作方案有问题。

老板的脸色显得有些不太自然，但还是问他什么地方有问题。田辉就毫无保留地从头到尾把这个合作方案批了一通。

田辉当着这么多人的面把老板的工作全盘否定了，这让老板觉得很没面子。于是老板淡淡地说："今天的会议到此结束，这个问题以后再谈。"田辉本来还想强调一下拖延这个方案的后果，但看到老板一脸不高兴地离开了，只好悻悻地闭嘴。

之后，田辉又去找老板商讨，他对老板说："这个问题不能拖，如果按照这个方案……"

"还有其他事吗？没有的话我还要处理一些事情。"老板用很冰冷的语气说。田辉只好识趣地离开了。

不管是面对你的上司还是你的合作伙伴，如果他说："大家都别客气，有什么意见尽管提。"这个时候，你千万不要不加考虑就对别人的方案或决定提出批评，尤其是当着大家的面，这会严重地伤害他的自尊。就算他足够理智，当面还会面带笑容说："哦，非常感谢你的意见。"那也只是碍于面子和公众场合，其实内心对你提出的批评非常恼火，对你更不会有什么好印象。他说的"有什么尽管说"的潜在意愿是要听到你的一些赞美的话。

很多时候，别人说："欢迎大家提意见。"不过是场面话，尤其是身份较高的人，一方面想要表现自己的大度，另一方面内心的自尊比常人更强。所以，他虽然嘴上说请大家多多指教，其实是想听到更多的鼓励和赞扬，而不是批评与反对。

如果你是真的有意见要提，就要先站在领导的位置上想一想，他有否可能愿意接受你的意见。如不能确定，最好还是留待以后找到适当的时机再提。如果是在公开场合，最好保持沉默，也不能在背后嚼舌根，"隔墙有耳"这个道理大家应该也都明白。有问题可以在私下里找领导提出，充分照顾领导的面子。

提建议时还应该注意自己的说话语气和选择正确的方式，不能以强硬的态度直接批评，最好是以和善的语气选择一种领导可以接受的方式提出自己的意见。当然了，在提出意见的同时，如果还能提供合理的解决办法，那是最好不过了。

当你有意见要提的时候，不妨把它变成建议，这样会更容易让人接受。比如说在你对他人的设计方案有异议时，要在肯定整个方案的前提下，再说某些个别的、局部的问题值得商榷。如果先对对方的工作成绩做出赞扬，就很容易打破对方的心理防线，从而接受你提的建议，而不是一开始就对你的话表示很强烈的排斥。

5. 特意强调"巧合"的事可能是有意为之的

"我刚好路过你家门口，就顺便来看看你。""我刚从外地回来，路过你公司楼下，不如下来一起吃午饭吧。""周先生，我也姓周，真是太巧了，咱们五百年前可是一家啊。""原来我们是同一所学校毕业的啊。"在生活中，我们也常常会遇到这样的"巧合"事件。而这些"巧合"又很容易打破人们的戒心，把对方之后提出的"小小请求"也当作理所应当的事。但是这些"巧合"真的是偶然出现的吗？很多时候，这些"巧合"是一些人为了达到自己的目的刻意制造出来的。

所以，在生活中，如果突然出现一个刻意强调"巧合"或"偶然"的人时，你一定要提高警觉、小心应对，看清对方是否另有企图。

社会上各种以老人为对象的骗子越来越多，这些骗子们接近老人的手法就是创造巧合。他们常常到医院候诊室、公园、老年棋牌室等老人聚集的地方徘徊。然后通过和老人聊天慢慢掌握老人们的情况，当骗子发现某位老人的生活和自己父亲或母亲的经历十分类似的，就开始和该老人谈及自己亡父的生活情形。本就生活在孤独、寂寞中的老人，听见骗子提到的巧合和关怀的言辞，必然认为跟前的骗子比很少来探望自己的子女更加亲切可爱。狡猾的骗子就是看穿老人的这种心理，利用强调巧合的技巧来瓦解老人的警戒心，使老人步入自己的圈套。

无事献殷勤，非奸即盗。刻意在我们身上制造巧合也是献殷勤的一种表现，当我们发现某事"碰巧"出现在我们周围，而我们身边又有一个人一再强调此事的巧合时，我们就要提高警惕了，这个人无论是出于好意还是出于恶意，他的心里一定是隐藏着什么。

当然了，在职场上，我们也可以利用人们的这种心理来拉近与同事或者客户之间的距离。不管是同姓氏、同乡、同窗、同经历还是同性别、同身材，甚至是同语气都可以加以利用。

例如，"宋哥，您喜欢户外运动啊，我也非常喜欢，不过很多方面我都还不太懂，以后您可要多多指导我啊！""王老板，您也是青海的啊，真是太巧了，我也是青海人，我们青海的来到北京闯荡，像您这么成功的可真不多啊。以后，您可要多多提点我啊！""田姐，我们做女人的真是不容易，既要照顾家庭又要照顾孩子，还要赚钱贴补家用，生活压力也挺大的！"

这样一来，先让对方觉得自己和他是"同类人"，自然就减少了戒备之心，如果接下来再聊得投机，你再说出自己的目的就很容易让对方接受了。即使你在谈话中犯了一些小错误，他也会很大方地原谅你。因为你和他的那些"巧合"，会让他觉得帮助你就像帮助曾经的自己一样。

另外，在推销的过程中，善于制造巧合、利用巧合，对推销成功和完成你的销售目标都有很大的帮助。让我们先看下面两段对话：

电话推销员："您好，陈女士！我是某某空调的推销员，昨天给您打过电话的。"

陈女士："您好。"

电话推销员："昨天向您介绍了我们空调的质量、服务及价格，您还有什么问题吗？"

陈女士："暂时没有。"

73

电话推销员："那我下午过去再跟您谈谈具体的细节问题，您看可以吗？"

陈女士："不用了，我还是再考虑一下吧。"

电话推销员："您是在哪方面有什么不满意吗？"

陈女士："也不是，要不这样吧，我考虑好了再给你打电话。"

电话推销员："那好吧，谢谢您！再见。"

陈女士："再见。"

汽车推销员："郭先生，您好！我是昨天给您打电话的那个小李，某汽车的推销员。"

郭先生："您好。"

汽车推销员："今天给您打电话是想了解一下，您对我们公司的那款车子还满意吗？"

郭先生："呃，我再考虑考虑吧。"

汽车推销员："是这样的，郭先生，我下午要去给客户送一辆车，正好经过您住的小区，这辆车碰巧跟您看中的那辆车的款式和型号一样。您要不要先试开一下？"

郭先生："嗯，要是可以的话，那就再好不过了。"

很多时候，特别是面对性格比较柔弱善良的客户，推销员"特意"的拜访往往会吓跑他，然而，如果是"偶然"路过，就会减轻客户的心理压力，从而愿意接受推销员的建议，这样才有利于达到促成交易的目的。

销售员制造"巧合"时，一定要合情合理，多加入一些"偶然性"，才更容易使客户安心地放下心理负担，按着你期待的方向走下去，走进你所设的"局"。但要注意，太牵强的巧合容易引起客户的怀疑，继而反感、愤怒，最终事与愿违。

6. 坦白"我的性格不太好"的人其实相当自恋

我们经常会碰到这样一类人：在刚认识不久，对方就坦白道："我的性格不太好。"作为接话者，你要怎么理解这句话的意思呢？

可能一般人会这么想：他说自己的性格不好，很有可能他只是谦虚，实际上并没有什么所谓的"不好的"地方。如果你真的这么想，那么你可就大错特错了。

事实上，这些人是相当自恋的，他们根本不认为自己有什么不好的地方，而且他们很满意这样的自己。他们之所以"坦诚"自己的"性格不太好"，恰恰可能表明了他们的性格真的不好，只不过即便有缺点，他也很满意自己。性格的好坏并不是绝对的，比如一个人对人对事都很温柔，但是在别人眼中这样的人可能是婆婆妈妈的，没有男子汉气概的。再比如，一个人不拘小节，可能被看成是马虎大意。因此，这些自恋者觉得谈话对象也可能这么觉得，于是他们就先提出来这一点，表明"我自己就是这样的。""我不打算改变自己。""我喜欢这样的自己。""我不接受你的那些要我改变自己的意见和建议。"

在社交中，要想和自恋者相处融洽，我们需要首先了解自恋者的心理，然后根据这些决定如何接话。

希腊美少年纳西赛斯在水中看到了自己的倒影，便爱上了自己，每天茶饭不思，憔悴而死，死后化为水仙花。所以显性自恋者往往都认为"我自己最好，我很棒"。相对于这种显性自恋者，那些"坦诚自己性格不好的"自恋者可以归为隐性自恋者一族。

但不管是属于显性还是隐性，自恋者的心理大致上是相同的，他们都具有优越感、特权感和自我钦慕感。具体来讲，自恋是自己对自己过分自信和自满的一种陶醉入恋的心理表现，具有自我重要的夸大感；沉湎于无限成功、权力、光辉、美丽或理想爱情的幻想；认为自己是特殊的和独一无二的，只能被其他特殊的或高地位的人们所了解或共事；要求过分的赞扬；期待获得更多，即便是不属于自己的东西；显示骄傲、傲慢的行为或态度……

了解了这些，在与这些自恋者相处的时候，你需要记住，首先要尊重他们，不要试图提建议去改变他们。因为要改变自恋者几乎是不可能的事情。另外，你的意见其实就是对他的否定，一个对自己陶醉的人怎么可能会接受别人否定他呢？因而，你表现出尊重就为你们的相处营造了友善的气氛。即便你内心真的很不赞成对方的某些性格或行为，你也要把这些话放在心里。

有句话说得好，"自恋是最伟大的谄媚者。"和自恋者相处，你要想获得到对方的好感，便要满足他们对于赞美的渴望，因此多多赞美会比较容易赢得对方的好感。你可以有根据地赞美对方行为中或者性格上的优点，反驳他所说的"性格不太好"。这样的话，你直接就进入了对方的心里。你可以说："刚才的言谈中，我没有发现有什么不好的地方。你太谦虚了。""我觉得你很好呀，幽默、大方、自信，很有魅力。"

有时候，内心很自恋的人在工作中很难接受别人的意见，固执坚持自己的想法。这时候争吵是没有效果的，只能伤和气。如何让自恋者接受你的意见，也需要用到赞美和站在对方的立场说话。比如，你可以说："你的想法真的很有创意，也很有帮助，不过，如果你综合两方面的内容，不是会做得更完美吗？"

当然，自恋者有时候需要用一面镜子照照自己。如果你是上司或者是长辈，你想教训那些傲慢、易嫉妒、喜欢夸大自己的自恋者，也可以适时适当地打压一下。这必须是你已经确实了解对方，和对方有长时间的相处和感情的条件下。当对方坦诚自己性格不太好或者脾气暴躁的时候，你可以说："那么我希望你能调整一下自己，保持一个最佳的状态"或者"在待人处世上更加谦逊，那会更完美"。

那些向你坦诚"自己性格不太好"的人其实可能是隐性自恋者。与他们说话，要想赢得好感，你应多说赞誉对方的话。即便要说服对方改变主意，也最好使用婉转词汇，这样便于接受。

7. 口头禅背后隐含的心理意义

每个人都有自己独特的语言习惯，这种习惯是在日常生活中逐渐形成的。这种比较稳定的习惯能够体现出说话人的真实心理和个性特点。口头禅作为语言习惯的一种普遍的表现方式，可以反映一个人的性格，揭示一个人的心理状态，甚至还直接影响一个人的生活状态。

如果在交谈中，对方本来正在兴致勃勃地和你聊天，你刚听了两句就说郁闷、没劲,那么对方聊天的兴头会立即从高点跌到低谷。但是如果你把上面的换成真的、太棒了等词语,不仅能让对方心情愉悦,还能够让你的受欢迎的程度大大增加。

所以说,习惯性脱口而出的口头禅,并不是毫无意义的。带有消极词汇的口头禅,对一个人的认知和情绪也是一种消极暗示。郁闷、无聊、没意思之类都是表达负面情绪的口头禅。

了解口头禅背后隐含的意义,对你了解对方的真实心理有很大帮助。下面就为大家介绍一些生活中我们经常会听到的口头禅。

1. "但是、不过"

经常使用这种语句的人有些任性,总是用"但是"来为自己辩解。这类人一般在发表自己的看法以后,常常用但是、不过等词作为转折,既怕遭到别人的攻击,又想坚持自己的观点,说明这种人有些任性。"但是"语气也反映了其温和的特点,并没有断然肯定或者否定的意味。就像老板在批评一个下属的时候,往往是先赞扬,然后通过"但是"引出自己真正要说的话。

2. "想当年"

常用"想当年"作为自己言论开端的人,一般是对现在的境遇非常不满,经常在比自己资历浅的人面前大谈特谈自己昔日的丰功伟绩。这种人在现实生活中往往是些不折不扣的失败者,借"昨天"的辉煌来告慰当下悲惨的境遇。

3. "差不多吧、随便、算了吧"

常把这些话挂在嘴边的人,一般性格随和、缺乏主见,喜欢迎合别人的意见,见好就收,做事没有特别的功利性,目标性也不强。

4. "可能是吧、或许是吧、大概是吧"

把这类话当作口头语的人,一般比较圆滑,不会将内心的想法完全暴露出来。这种人自我防卫意识很强,在待人处事方面也很冷静,可能、大概、或许也有以退为进的含义,他们一般很少发表自己的观点,对他人的观点也很少评论,以此来隐藏自己的真心。

5. "另外、还有"

常用这类词作为一句话开头的人,往往思维比较敏捷,喜欢参与各种各样的事情,好奇心强、思想前卫,但做事容易厌倦,不能善始善终。这类人也富于创新，创意经常别出心裁。

6."我就这样说、我就这样做、管别人怎么说"

习惯说这些话的人，从表面上看坚决果断，也不在乎别人的看法，甚至有些一意孤行。其实，他们把他人的反对、嘲笑、讽刺等看得很重，他们这样说不是讲给别人听的，而是在激励自己的自信心，他们心里具有很大的反抗意识与好胜信念，只不过他们把自己真实的想法隐藏得很深。

7."总的来说、总之、总而言之、归根结底"

常用这些带有很浓的总结性与强烈的说教色彩的话语说话的人，他们一般没有闲言碎语，说话讲究总结性，喜欢权威和掌握主动权。

8."应该、必须、必定会"

如果一个人在说话的过程中，频繁使用这类词语，表明他自信心极强，自认为能够令对方相信，以"家长"的身份来告诉你什么应该做、什么不应该做。但是如果"应该"说得过多，则表示他有了动摇的心理。那些久居官位的人，很常用此类口头语。

9."真的、太棒了、太好了、太强了"

这样的人说话容易一惊一乍，还喜欢讲一些夸大的话语和做一些夸大的情绪表达；同时，他们热情积极、乐于助人、心态很好，喜欢讲积极的词汇。

常说"说真的、老实说、的确、不骗你"的人大多性格急躁，常常担心对方误解自己；常说"听说、据说、听人说"的人见识虽广，但是往往缺乏决断力，说话也常常给自己留有余地；常用"啊、呀、这个、嗯"等的人，一般是反应较迟钝或者词汇量少的表现；常把"果然"挂在嘴边的人大多自以为是，总是强调个人主张；常把"反正……"挂在嘴边的人，往往性格悲观。

8. 所有的口误都是潜意识的流露

口误是我们常见的一种情况，本意是指嘴巴不听使唤，说了言不由衷的话。当然，也有人在说错话之后，为了找回面子，为自己开脱，也会把一切赖到口误的头上。不过，无论是哪一种，口误都不是无来由产生的。心理学家弗洛伊德说过：口误是潜意识改头换面的表现。所有的口误皆是出自于人的内心，只不过可能是内心的想法埋藏得太深，连你自己都无法察觉而已。

看过美剧《老友记》的朋友应该对这样的一个情节印象非常深刻：罗斯和第二任妻子艾米丽在伦敦的一所教堂里举行婚礼。轮到罗斯宣誓了："我，罗斯，将把瑞秋……"在场的亲友大惊失色，因为罗斯居然把艾米丽的名字错说成他原来的恋人瑞秋的名字，当然这也直接导致了罗斯的第二次离婚。

弗洛伊德认为：人的很多想法由于受到现实、情感等多方面条件约束，一般都是出于被压抑的状态，有时被压抑久了甚至连他本人都不知道，这就成了潜意识。但潜意识毕竟也是想法，它总会通过各种曲折的方式表现出来，可能出现在梦中，无意识的行为中或者口误中。

粗枝大叶的叶琪，去探望坐月子的同学，结果一不小心祸从口出了。大家都围着看胖嘟嘟的孩子，气氛非常温馨。就在大家纷纷夸孩子长得好时，叶琪却提出了一个旱地惊雷似的问题："宝贝的名字取了没？叫李什么？"

在场的其他同学顿时变得鸦雀无声，面面相觑，场面十分尴尬。因为大家都知道，同学的老公姓卢，但多年前在上大学的时候，同学的男朋友姓李，不过碍于情面，在同学结婚了之后大家就不再提这件事了，没想到，这蒙了几层灰的窗户纸却被叶琪的一句口误给戳破了。

叶琪的话就是潜意识在作怪，因为同学前男友的事实已经深深地印在了她的脑子里，因此当提到孩子的父亲时，她下意识地就脱口而出了。

正在读高中的宋鑫，周末从学校回家，在家吃过晚饭后犯了烟瘾。但父母一直都不知道他抽烟，他也不敢被家里发现，于是就准备借口出去散步，抽一根。

在门口换鞋的时候，老爸从旁边经过，随口问了一句"干什么去啊？"宋鑫本来想说"去散个步"，结果一不小心给说成了"去散个烟"。结果可想而知，老爸从他身上搜出一包烟，然后狠狠地骂了他一顿。

宋鑫的口误是由于他要去做"亏心事"，心里不免紧张，在父亲问起的时候，下意识地就把内心的想法给带出来了。

上述两个口误的发生，一个是悲剧，一个是闹剧，但无论是什么都为我们提出了警醒，那就是与人交流的时候，尤其是心里比较激动的时候，话在说出口之前一定要经过详细的思量，千万不能出现嘴比脑子快的情况。

有时候，口误的频繁出现还可能是一种轻视和阴谋。比如在酒桌上，一个领导面对下属时频繁出现口误，甚至还有一不小心揭露下属痛脚的时候，这就是轻视的表现了。因为对下属轻视，让他觉得自己说的话不会对自己产生多大的影响，因此潜意识得到了释放，平时很多看法就借这个机会说出来了。

还有一种是阴谋，尤其是面对面的阴谋，由于心里过于紧张，时刻将精力集中在如何算计对方上面，因此难免会在不经意间从话语中透露出来。

在当年美苏两国处于军事敌对时，赫鲁晓夫有一次访问美国，在参观美国香肠生产车间的时候，他忽然指着这个香肠生产线对身边的美国总统尼克松说："我们苏联正在以这种速度生产洲际导弹。"尼克松一听大惊失色，赶快向国会发表通告，要求增加军费。但经过国会和苏联大使馆沟通才发现，赫鲁晓夫这不过是口误，说错了话。

虽然赫鲁晓夫这是口误，但这口误并非没有来源。当时美苏两国互相敌对，彼此明争暗斗，而导弹在双方争斗上是一个重要的工具，因此我们就知道赫鲁晓夫为何有如此的口误了。

关于口误，我们在了解到它的起因之后，就更应该注意从别人的口误中分析出信息了。口连心，口误是潜意识的流露，当下一次他人再将说出的话推诿为口误的时候，我们切不可以为对方真的就是口误，要仔细分析一下他这些话是否有其他的意思。

9. "某某真了不起"表示了要超越的决心

"不愧是经理，这么棘手的事都搞定了！"

"老兄你真厉害，我太佩服你了。"

"你真了不起，你的书写得真好。"

……

我们常常听到这样的话，如果说话的是你的下属，恐怕哪个上司听了都会很得意吧。如果说话的是你的朋友，你心里也会扬扬得意，觉得高人一等吧。不过，这真的是他们的肺腑之言吗？

诚然，对于工作出色的上司或者很有才干的同人，别人由衷地感到佩服，会说这些赞誉的话。不过这其中很可能有水分，可以通过其平时的态度而定。说这些话的人有一部分人平常就很仰慕你，而且只有在适当的时候才接近你，这说明他的一番话是发自内心的。而另一部分人说的却是客套话了。不过，即便是客套话，这里面也包含着自认为不如你的这种心理。

但是，这些话里仅仅是佩服和赞誉吗？心理学研究发现，经常这样奉承上司的人多是些进取心强的野心家。他们之所以和上司套近乎，其实正是内心深处也想做到同样的位置，或者取得同样巨大的成就。也就是说，"某某你真了不起""某某你太厉害了"这些话的真实含义是"我以后也要这样""我要超过你""以后也要有人这么对我说"等，是在表示说话者有超越上司的决心。

司马迁在《史记》里曾提到两个细节：刘邦到咸阳，观秦始皇出游，然后感叹道："大丈夫当如此也！"而项羽在观秦始皇出游时，说了这么一句话："彼可取而代也！"也许因为项羽是武人，说得比较坦诚直率，直接就表示了自己要超越秦始皇，做皇帝的意思。

但是，在社会交往时，如果我们对一个出色的人说出"我要超越你"这样的话，那必然显示你这个人太猖狂，不谦虚，让人看不起。因此人们都选择了在言辞上赞誉和奉承对方，而在内心里咬牙发狠要超越对方。

这一点在女人身上很容易体现。比如，一个女同事穿了一件漂亮衣服，另一个女同事会感叹："你这件衣服真是太好看了。你穿起来真漂亮。"但是，她心里可能正在想的是：我一定要买一件更漂亮的衣服，超过你。如果一个女人嫉妒别人的技能或成绩，她会在私下里进行更多的学习或者工作，从而使自己比别人更强。这种心理可以理解为由羡慕引起的嫉妒。它可以促使一些人把嫉妒转化成提升自己的动力。据说，80%的女人可以通过嫉妒别人，而让自己变得比别人更优秀。

因此，当你听到别人说这些话的时候，一定要打起精神，不要被对方的奉承之语冲昏头。鉴于对方想要超越你的心理，你在接话的时候可以表现自己的谦虚，最好就是告诉对方他将来也可以这样。

比如，如果你的作品得奖，你的同事可能会赞誉你说"你真厉害，很有才华"。这个时候，你千万不能说"我是谁，我一直很有才华，只是你们没发现"。这样显得你太不谦虚了，会引起对方的反感。如果是工作上的成绩，必然有一部分来自于同事的帮助，你这样说无疑是把功劳独享了。即便是没有同事的帮忙，你这样说也显得太不和谐了。你应该说"哪里哪里，这都离不开大家的帮忙。""这军功章有我的，也有大家的。""我觉得你将来一定会比我更有能力，你也要加油。""我相信你的实力还没有发挥出来，等到有一天你会比我厉害的。"

当你这样说时，这些话既表现了你的谦虚，也赞誉了对方的能力，满足了对方想要超越你的欲望。这会使对方感到舒服，谈话的氛围也会渐入佳境。

第六章

警惕!好话背后也许另有企图

1. 好话未必是出于好心

俗话说："害人之心不可有，防人之心不可无。"当你遇到难处的时候，身边有人"好心"地主动要求帮你，或者热心地为你提出解决方案，你一定会对他感激不尽，然后呢，你会按照他的话去做吗？先不要着急，还是多想一想他为什么帮你，他提出的建议是真的出于好心，还是另有目的？这并不是说我们"以小人之心度君子之腹"，而是有时候人心险恶，不得不防。

当一个人非常"好心肠"地让你做一些事情的时候，你一定要有自己的判断力，考虑清楚他是真的好心，还是设计好陷阱有意让你往里跳呢？

有时候好心也有可能包藏祸心，所以别人跟你说一些好听的话的时候，你一定要小心。

小王和小何是公司工作最努力的两个人，两人在工作业绩上也难分伯仲。但平时两个人除了工作上的应酬外也没什么来往。公司里也很早就有传闻说公司要提拔他们两人中的一个做部门经理，但是很长时间都没有动静，这件事也就渐渐地被淡忘了。

小王的妻子因为生病住院了，手术可能要花很多钱，为此小王心急如焚，工作上的事也不像原来那么精细了，整天忙着跟朋友借钱。小何把这些都看在眼里，记在心上。

这一天，小何私底下找到小王说："我听说现在嫂子生病住院急需用钱，我这里有三万，虽然不多，也是我的一点心意，你要是不嫌弃就先拿去用，公司的事情你也不用太担心，如果需要的话你就放心把工作交给我吧，我会帮你办好的，你就在医院安心陪嫂子吧。"

此时，小王对小何心里充满了无限的感激，接着小何又说："你就别再跟我客气啦，谁家能没有个急事啊，说不定以后我也有事请你帮忙呢。"小王更是激动得都不知道该说什么好了。最后只好说："别看平时咱们也没什么交情，关键时刻你却这么帮我，你这个朋友我交定了，以后真有什么我能帮得上忙的,你尽管开口。"接着,小王给小何写了借据,把公司的事情暂时委托小何帮忙。

小王妻子出院后,小王的工作慢慢地步入正轨。这时正好公司上层让小王写一份工作报告总结,并暗示小王如果写得好,就安排他去做部门经理。

小何知道了这件事后,就私下里找到小王,直截了当地说:"你看,作为朋友本来不该来求你,但我真的希望这次你能帮帮我。"

小王马上接下小何的话说:"没事小何你就说吧,只要我能帮你的,我一定义不容辞。上次多亏了你的帮助才让我妻子渡过了难关,我是应该报答你的!"

小何听他这么一说,就不再犹豫,直接说道:"你也知道,现在公司要定部门经理的人选,我们两个都有机会,但是部门经理的位置却只有一个,你看能不能把这次的机会让给我呢?"

小王也不明白,小何不是开始是帮助自己的吗?怎么现在却又跟他争夺部门经理的位子呢?

在职场上有很多这样的例子,有时候被人"好心"地帮助,不过是后来要找你帮忙的托词,人家这次帮你,下次要你帮忙的时候你一定无法拒绝。

永远都不要以为别人的帮助都是无条件的,好话也未必出于好心,在你最需要帮助的时候给你"雪中送炭"的人,特别是你们的交情也没那么深,你就更应该仔细想想,他的背后会不会藏着不可告人的隐情。

不管是在工作还是在生活上,都不要轻易相信别人给你的"好心肠"的建议,可以先听他说完事情的始末缘由,然后经过自己的分析和判断,再去决定是否要接受对方的好意。

在办公室里,一些员工为了追求工作成绩,获得上司的好感得到升迁的机会,以及其他的种种利害冲突,和同事之间始终存在着一种竞争关系,这就难免会有人暗中使绊儿,明着是说好话,存好心地帮你,其实是在帮自己。

听到好话时你要懂得辨别,做一个明白人。在生活中,我们能做到不去害别人,但是不能保证别人不会对自己包藏祸心,不要轻易相信别人说的好话，或者"好心"的建议，如果心中有谄媚，再动听的话也会变成伤人的利箭。我们要懂得从内心保护自己，才能不会轻易被蒙蔽。

2. 陌生人的高调赞美，你要多个心眼

在生活中，我们也常常会遇到这样的情况，在买衣服时，常听营业员说："您的肤色好，穿什么颜色都好看。""您的身材这么好，不管穿哪一件都很漂亮。""您真有眼光，这是我们店里现在卖得最火的一款了，穿在您的身上一定会更加迷人。"营业员对我们的赞美，归根结底是为了说服我们掏出自己的钱包，把衣服买下来。

有的人经不住营业员的夸赞，一高兴就买下了自己一开始并没有相中的衣服，或者是把看中的衣服一股脑儿全买下来了，结果回家后就开始后悔："这件衣服一点也不好看。""我已经有很多衣服了，又买这么多，也穿不过来啊。"

人人都爱听赞美，殊不知在赞美的背后往往有别有企图。如果是亲密的朋友对你大加夸赞，你很容易分清他是出于真心或者仅仅是调侃。但是在面对陌生人的高调赞美时，你不容易分辨得出他们真正的想法，这个时候，你一定要多个心眼。

刘女士在一次乘火车去探望姑母的途中，就被一位陌生人的赞美蒙蔽，丢失了钱财。

由于上车的人比较多，刘女士刚找到自己的座位坐下，就长长地舒了口气。这时，一位英俊的中年男子走了过来，他指着刘女士旁边的空位很有礼貌地问："您好，请问这儿有人吗？"

刘女士摇了摇头，说了声请。那位先生一坐下来便开始非常爽朗地自我介绍道："我叫郭启源，在广州工作，职业是律师，很高兴认识你。"

刘女士只是友好地点了点头，并没有说什么。过了一会儿，郭先生又转过脸来仔细地打量着刘女士，突然很惊讶叫道："天哪，真是太巧了，没想到我们又见面了！"

刘女士不解地盯着郭先生话久，都想不出自己什么时候见过这个人，于是很肯定地回答："对不起，您一定是认错人了。"

"不，我怎么会认错呢，你不记得在北海浴场时的开心时光了吗？你那么漂亮、迷人，当时不知道迷倒了多少男士，他们差点儿还为你打架呢。"

"这是真的吗？"虽然刘女士想过要去北海海滨度假，但是自己从来都没有去过北海这一点她是可以肯定的。但是听到郭先生对自己这么高的评价还是忍不住问。

郭先生看到时机到了，就接着说："难道你一点印象都没有了吗？我可是记得很清楚，当时你穿着一件浅绿色的游泳衣，还绣着几朵丝绒花，简直是漂亮极了。"

刘女士的确是喜欢绿色衣物和丝绒花，她现在身上穿的也是一件绿色的衬衣，两边的领尖上也分别绣着两朵不太明显的小绒花。如果不仔细看还真是看不出来呢。

接下来，刘女士也打开了话匣子，郭先生讲的故事也一次又一次让刘女士发出欢快的笑声。两个人越谈越投机，还互留了电话号码。到上海站时，郭先生告辞下车，刘女士还一直目送他走出月台。

列车驶出上海站后，列车员开始验票，刘女士这才发现她钱包里的五千多块钱不见了，连火车票也不翼而飞。

列车员了解了情况后，就找来乘警。乘警把经常在列车上进行诈骗和偷盗的嫌疑犯的档案——一本厚厚的照片簿摊开到刘女士面前："你看能不能从这里面找出那个可恶的家伙？"

刘女士一页页仔细翻看着，她的目光在其中一张照片上停了下来——这不正是那位郭先生吗？

"赞美"一词原本应该是正面的，但是如果我们留心就会发现，很多赞美背后是有动机的。"贫在闹市无人问，富在深山有远亲"。那些逢迎拍马的人往往围绕在有权或有钱人的身边。目的就是借他们的权力或金钱之便，为自己谋取升官或发财的机会。

赵先生想给自己快要结婚的儿子买一套房子。刚刚走进售楼处，销售人员就很热情地对他说：您选择来这里看房真是太有眼光了，接着就为赵先生介绍这里的房子如何好，在走进样板房时，销售人员的夸赞更是没有停止。赵先生乍一听到这样猛烈的称赞时倍感甜蜜，心想"这年轻人真会说话"。夸赞多了便有些昏昏然了，为了证明自己的确是很有眼光的，赵先生就在赞美声中签了购房合同。后来才知道同样的房子、相同的地段，其他地方的价格要比自己买的低，赵先生这才深知自己是上当了，他很后悔当初自己怎么就被售楼人员的赞美之词冲昏了头脑，但合同已签也没办法反悔了。

别人夸奖我们的时候，我们当然会非常开心。但是一定要小心那些无缘无故的赞美，万万不能陶醉其中，对待陌生人的赞美，更要多一个心眼，因为这些赞美很有可能是一种掩饰、一种手段、一个假面具。或者是招摇、敛财、敲诈的一种手段。那些当面赞美自己的人，谁也说不准他背后到底隐藏了什么企图。

那些热衷于赞美位高权重者的人，背后的企图心是显而易见的。对独裁专制、强权大加赞赏的人，背后往往隐藏着阴谋。

3. 花言巧语背后的阴谋

"花言巧语"顾名思义，一是花言，二是巧语，归根结底都是用一些虚伪动听的话来骗取他人的信任，以达到自己的某种目的。沉浸在爱情里的女人最容易被男人的甜言蜜语所征服，男人多用花言哄骗女孩，用巧语镇住女人。因此，女生一定要学会保护自己，分清楚男人的话哪些可以相信，哪些不可以相信，不要被那些不负责任的男人骗了。

在生活中，女人往往比较看重感情因素，因此也容易把男人的花言巧语当作真理的标准。这样就很容易出现"婚前迷情，婚后清醒"的现象。

2011年8月，在凤阳县临淮镇的一条街上开皮具店的女老板张艳（化名）和一个20岁、网名叫"杀手"的帅小伙子在网上"相识"了。张艳年近

40岁，正与老公闹离婚。

"杀手"告诉张艳自己叫吴某南，今年20岁，安庆市人，现在在浙江湖州做生意，但具体做什么生意却没有说。在提出见面后，12月17日，小伙子来到凤阳县，随后住进距临淮镇八九公里的府城镇某宾馆。

当晚，张艳与小她近20岁的吴某南见面，两人一起吃了饭。第二天晚上，两人吃过饭回到宾馆，吴某南对张艳说："我这趟来就是要把你带走的，我要娶你。我在湖州给你开个厂。"

说话间，吴某南打开张艳放在床上的包，掏出里面一叠钱，数了数是7800元，接着将钱装进自己的口袋。张艳问："你拿我钱干什么?"他说："我帮你保管。"张艳在离开房间时说身上没钱了，出去要花钱，吴某南于是掏出2000元给她。

后来张艳因故与吴某南发生争执，就向吴某南索要他之前拿去的5800元钱。吴某南推说刚好家里有急事，他已把钱汇回家里了，紧接着好言好语哄好了张艳。

12月21日下午，吴某南又来到了张艳在临淮镇街上开的皮具店，并在店里玩了一个小时。第二天中午，吴某南带着一个叫吴某芳的男青年来到张艳的店里。下午两点多的时候，吴某南提出要张艳陪他出去买衣服，并让吴某芳先帮忙看店。张艳也没多想就同意了。

过了一会儿，吴某南买好衣服，对正在与店主闲聊的张艳说："你们聊着，我先回店里。"

吴某南走后没有几分钟，张艳回到店里，却发现吴某南和吴某芳都不在店里。她赶紧查看了自己放在店里的挎包，发现里面28000多元现金、一张3万的定期存折、一张内存3万多元的银行卡均不翼而飞。

张艳急忙打吴某南手机问他现在哪里，吴某南答应5分钟后就回来，但其挂断电话后便关了机。张艳见势不妙，立即拨打110报警。

（节选自腾讯新闻2011年12月27日）

在爱情的世界里，又有多少甜言蜜语可以相信呢？

男人在追求女人时总会说："你是我生命里的唯一，我喜欢的只有你一个。""如果没有你，我的生命也就失去了意义。""今生有你就足够。"很多时候，年轻的女性会很容易相信男人的这些花言巧语。

对于没有情场经验的年轻男孩来说，或许在说这些话的时候是出于他的真心，我们不能对他们的话全盘否定，我们要做到"不听其言而观其行"；但是对有经验的成熟男人来说，他们往往只是利用了女人喜欢听这些花言的禀性让女人彻底"缴械"。所以对成熟男人的花言巧语，我们必须提高警惕，因为这些话多数是出于他追求你的目的，而不是真的对你有多么爱恋。

"把你交给我吧，我会照顾你一辈子的。""我是一个男人，我是真的爱你，我一定会对你负责任的。""以后你不用去上班了，我会养活你的，你只要安心地在家做全职太太就行了。""我爱的不是你的外表，我爱的是你的心。""你要是不喜欢我的话，我马上就离开，我不想招你厌烦。"男人在想要和一个女人进一步发展的时候，常常会说这些话。

不管是直接表白也好、欲擒故纵也好，都是想猎取芳心的一种手段，他们深知女人的害怕、痴情和归属心理，针对这些心理，用一些花言巧语来打消她们的顾虑，进而让女人心甘情愿地踏入他们的陷阱。如果一个男人对你的情况根本没有了解多少，就对你直接表白，那你就要格外小心了，他此时的"认真"一定包含着不少的水分。

当男人达到自己的目的后，你会发现，他不再对你说以前那样的甜言蜜语了。转而换成了"虽然爱情比较重要，但不是最重要的。要是我天天在家陪你，不去工作，你愿意吗？""我忠于的不是你，是我自己的选择。""你知道的，我根本就不是那种会说一大堆甜言蜜语的男人。""就像每天打电话也并不代表爱一样，不打电话也不能说明是不爱了啊。"

当初的甜言蜜语，已经变成了巧言令色，用"公正"的言辞来回复女人的质问，让她即使心里仍然很别扭，也一时找不到反驳的语言，如果你继续纠缠下去，只会显得自己任性、无理取闹。面对这样的花言巧语，你必须要从他平时的行动上留心了，如果他真的还爱你，就会在行动中表现。

当男人对你说"我没骗你"的时候，你要小心了，因为这句话本身就是一次欺骗。也不要轻易相信男人说的"我发誓""我保证"之类的话，对于他们来说，发誓比吃一顿家常便饭要简单得多。

4. 借第三者之口来赞美你的人未必是善意的

在生活中，我们常常看到，在法庭审讯的过程中，第三者的证言往往比本人的证言更具信服力。人们在得到赞美的时候，也是以第三者的赞言效果更为佳。但是很多时候，借第三者之口来赞美你的人未必是善意的，有些人是为了博得你的信任，并以此来达到他们的目的。

如果我们从第三者的口中听到了某人的赞美，我们便会非常高兴，往往加深对某人的好感。事情的确如此吗？其实很多事情，并不像表面看到的那么单纯。如果对方是无意的，当然是善意的。但如果对方是处心积虑的，就不如我们想象的那么真诚，或者没有那么纯净无瑕。

因此，在任何场合我们都要给自己做足防备，如果只是别人单纯希望接近你而在背后赞美你，那么也就无所谓了，但是如果这个人是带着一种利用的心理，我们就要多加防范。

小郑、小石和小严是非常要好的朋友。而在此之前，小石和小严是高中同学，小严和小郑又是大学同学，他们在同一座城市工作，借着这个关系，小石认识了小郑。

小郑喜欢旅游，他去过很多地方，而且每到一个地方，他都会收集一些民俗资料和很有特色的书籍。很多东西在其他地方都买不到，所以也非常有价值。小石也非常喜欢旅游，只是自己出去的机会很少，当他看到小郑收集的那些东西时，惊奇之余也对那些资料非常着迷，不过当时他们虽然认识，却并不是非常熟悉，何况那都是一些非常珍贵的东西，所以小石也不好意思开口向小郑借。

有一次，小石和小严聊天时，不断地提到小郑，说小郑在旅游中拍的照片非常有特色，快赶上专业的摄影师了，还说小郑是个非常有品位的人，不同于那些盲目旅游的人，她收集的东西太有价值了。总之，对小郑的赞美不绝于口。

小严把小石的话又都转述给小郑，小郑听了非常高兴，他觉得小石是个了解自己、懂自己的人，并且与自己又有共同的爱好。于是，在每次邀请小严参加什么活动的时候，小郑都会让他也带上小石。此后他们之间的关系越来越好，小石借阅小郑的书籍资料也就非常的顺其自然了。

在我们的潜意识中总是认为"第三者"所说的话大多比较公正、实在。如果一个上司经常对下属直接说一些勉励的话，下属可能还不会产生太大感触，但是当下属有一天从其他同事的口中听到了上司对自己的赞赏后，往往会深受感动，工作上就更加卖力，以报答上司对自己的知遇之恩。

所以说，以第三者的口吻来赞美更能赢得被赞美者的好感和信任。因此，这也常常被当作一种聪明的赞美方式。

大家都知道，俾斯麦是德国历史上著名的"铁血宰相"，有一次，他为了拉拢一位平时跟自己关系并不是很好的议员，就故意在别人面前对这位议员大加称赞。俾斯麦知道，一定会有人把自己对这位议员的赞美转述给他。果然，这位议员没多久就和俾斯麦成了不错的政治盟友。

如果你想跟一个人融洽关系、增进交往，那就不妨在第三者面前对他多多赞美。如果你对一个初次见面的人开场语用："我经常听某某说起你，说你在很多方面都很优秀，是很有才华的一个人！"这种赞美要比："我是您忠实的崇拜者！"更让人觉得愉悦。

同样是赞美，如果是当面说给对方听，也许会让对方感到那极可能是应酬话、恭维话，或者疑心对方是否出于真心。而如果是通过第三者来传达，当事者必定认为那是认真的赞美，没有半点虚假，从而真诚接受，还对你感激不尽。

一位著名的女交际家对颂扬和恭维曾有过出色而有益的见解：背后颂扬别人的优点比当面恭维更为有效。设想一下，若有人告诉你，某人在背后说了许多关于你的好话，你能不高兴吗？

其实，大多数人认为：当面的赞美有时候只是人们的场面话，甚至是奉承、讨好、恭维，而这种通过第三者之口的赞美方式有点类似于背后的赞美，容易让人觉得你是发自内心的，是不带不良动机的。

因此说，当别人经由第三者接听到你的称赞，比你直接当面表达自己的赞赏更多了一份惊喜。不过，如果是要说批评对方的话时，千万不能透过第三者转达给当事人，以免添油加醋、造成不必要的误会。

虽然多数时候这种通过别人之口的赞扬并无恶意，但也不要因此掉以轻心，认为这种赞美方式并非都是善意的，至少有时候他是别有用心的。因此，女人也要对听来的赞美语言进行分析以确定对方的善恶，并对自己加以保护。

5. 先用温柔体贴的话赞扬你的人，目的可能是为了批评你

赞扬是我们很多人都希望得到的，然而在面对赞扬时，我们还要细细分辨，对方的赞扬是中肯的还是虚假的？我们真的值得赞扬吗？他为什么无缘无故赞扬我呢？

如果你在工作中犯了错误，老板把你叫去，却并没有提及你的错误，倒是说了一些你工作的积极态度，你在某些方面的突出成绩，于是你放松了警惕，原来老板把你叫去并不是为了批评你，而是表扬你，但是正当你得意忘形的时候，老板的话锋一转，开始指出你的缺点。

不要以为所有用温柔体贴的话赞扬你的人都是好意，或许他背后隐藏的目的是批评你。我们无论在什么时候都一定要提高警惕，不要因为自己的失误，傻乎乎地挨了一顿批，最后还不知道是怎么回事。

王瑞是某科技公司的产品推销员，有一次，一个客户正好需要他们的公司产品，但是因为王瑞说错了一句话，让客户对公司的实力产生了怀疑，因此迟迟没有下单。

王瑞很着急，为了挽回来之不易的客户，又是请吃饭，又是陪聊天。而在这期间，老板也一直忙着和他一起拉拢客户。最后，客户终于被他们的真诚所感动，定了他们公司的产品。

这让王瑞和老板都松了口气，老板还单独请王瑞去吃饭。席间，老板不断地夸赞王瑞，说王瑞为公司真是非常尽力，并且还说王瑞如果加以培养真是个难得的人才等，正值王瑞欣喜不已的时候，他突然觉得不对劲，自己这次给老板也添了不少麻烦，为什么他还会对自己说这么多好话呢？

其中一定另有原因。

于是王瑞说:"我知道我有很多不足的地方,我需要向您学习的东西太多了。在这次业务中,如果不是因为我的失误,很可能前两个星期我们就签下了这单业务。"

老板听王瑞这么一说,也很高兴,就说:"人都有犯错的时候,能认识到并且改正自己的错误,这是非常难能可贵的。不过,王瑞啊,你平时也不要太大大咧咧了,要学会和同事合作啊,不能太独断独行,大家可以相互弥补不足嘛,这样才能做好工作。"

王瑞连连点头说:"我知道我有时候太马虎了,不过这些我都会努力改正的。"

这一通话说完,王瑞才豁然明白,原来老板是醉翁之意不在酒啊。幸好他及时看穿了老板的心思。

很多时候,你的上司或朋友想要指出你的错误,都会费尽心思地赞美你一番,一方面让你在温柔的话语里放松警惕,另一方面,避免直戳你的伤口而让你感到不高兴。因此,我们要像王瑞一样,很灵活地自己道出错误,这样能让自己变得主动。

我们不能被一些表面现象蒙蔽了,如果有人给我们一颗糖吃,我们正乐滋滋的,没想却从后面挨了一脚,这种滋味实在是不好受啊。因此,当我们在接受人的赞扬的时候,首先要在心里分析一下,为什么他会赞扬我,我是不是真的有那么优秀。如果了解了这些,我们便不会被人泼了一身的冷水后还愣在那里感觉莫名其妙。一开始的赞美之词往往是言不由衷的,随之而来的常常是更严苛的批评。

美国第30任总统柯立芝以沉默寡言著称,他的女秘书工作也一直比较努力,但是在她处理的公文中常常会出现一些小错误。一天早上,秘书刚走进办公室,柯立芝就对她说:"你今天的装扮真漂亮,正适合像你这样年轻貌美的小姐。"女秘书第一次听到总统的夸赞,顿时感到受宠若惊。柯立芝接着说:"我相信你以后交给我的公文,也能如你的装扮一样让人无可挑剔的。"女秘书这时已经明白了总统的用意,从此她处理公文就再也没有出错了。

后来当柯立芝的朋友问他怎么想到这种办法来提醒秘书的,柯立芝笑着回答：这就像理发师给人刮胡子一样，涂上泡沫后刮起来就不会感到疼了。

我们批评别人之前，先对他赞扬一番，会让对方更加容易接受，先说"你最近工作很认真。"再叱责："但有关某事，你需要改进！"这时被指责的职员不但不会生气，反而会积极地改正自己的错误。

如果语言生硬，很容易让对方感到自己的自尊受到伤害，对你的批评一开始就会抱有排斥的心理，"你这样子不行！"一开始就这样说，很容易招致对方反感，自然也就不能达到批评、教育的目的了。

6. 过于热情的话语要谨慎听

坐过火车的人都知道，在候车室中我们常常会听到广播里播放一些对于诈骗的防范措施，其中有一条便是：如果有不明身份的人主动和你套近乎，过于热情地嘘寒问暖，不分场合地搭讪，请您尽量不要与其同行，不要把自己的财物和行李交给其保管，更不要把电话号码、家庭情况等个人信息告诉对方，以防不法分子利用这种博取旅客好感或信任的方式伺机行骗或者偷盗。

也许当时的你并没有注意到这条广播的重要性，但是现在我们必须要知道，具备这样的防范心理不仅仅适用在火车站等公共场所，在日常生活中也要保持警惕。对那些过分热情的话语我们要谨慎听，抱有防范意识，避免落入对方预设的圈套。

萧丽毕业后的第一份工作找得颇为顺利，面试后第二天，她就接到了通知她去上班的电话。

萧丽带着满心的欢喜，来到公司进行培训。在培训的过程中，老板单独把她叫进了办公室，很是热情，聊的都是些和生活无关的事，还问到她有没有男朋友。最后，老板竟然还向萧丽展示了他的相册，谈到他的家庭是如何不幸，老婆多么不好，公司实力是多么雄厚等。萧丽听得忐忑不安，但又不想这么快就放弃这份还不错的工作。

培训完之后，老板又请萧丽出去吃晚饭，说不去就是不给面子。萧丽又不好拒绝，只好答应。到了餐桌上，老板非要萧丽喝点酒，萧丽说她对酒精过敏，可对方却说："今后想要有大发展，就必须会点应酬，一点酒都喝不了怎么成？"无奈之下，萧丽只得从命。

接着，老板又说了说以前那些女孩如何往他身上贴，如何崇拜他，可是他坚决不跟自己不喜欢的人接触等。后来居然还说："小萧啊，你很漂亮，男人都会喜欢你，我当然也不例外。但是我公司这么大，我会克制住。你就把我当作一个大朋友，好吗？"

第二天，萧丽就辞了职。后来她听说，和她一同进公司的许晴，现在跟老板的关系暧昧不清，老板的妻子还来公司大闹了一场。萧丽真是庆幸自己当初没被那个老板的热情话哄骗住，要不现在还不知道是什么下场呢！

过分热情的话语，就像是送你上断头台的最后一顿晚餐，有毒没毒是不好说的。有的人为了填补一时的饥饿之感，而吃了下去，说不定就会中毒而亡。只有那些在这顿"丰盛的晚餐"前扛得住诱惑的人，才能得以生还。

因此，当办公室里有那些过分热情的话语出现在我们耳边时，千万要小心了。比如本来和你从外在到内在，都有着显而易见的差异的同事，总是殷勤地说："咱们相似得就像两姐妹啊！"比如他会表现出过分的热情，总喜欢给你一些小好处，当你遇到什么事情，他都会不顾你需不需要地提出帮助，却从没付诸实践过。这样的人说出如此热情的话，不是有事相求，就是你身上有利可图。千万别被这些甜言蜜语蒙蔽了心田，因为这些都是让你吃过以后难以下咽的苦果。

小希刚到公司的时候，没什么工作经验。作为部门主管的陈冉自然成了她的入行老师。小希的嘴巴很甜，又会来事，左一个冉姐，右一个冉姐地叫，有时候下班后还会约她一起吃个饭。逛商场的时候经常会帮陈冉两岁的儿子带件衣服、玩具什么的，并且多次在外人面前夸奖陈冉的儿子是如何如何聪明可爱。

陈冉本来也比小希大不了几岁，再加上性格豪爽，使得她并不把小希当下属看，而是当成了妹妹。对自己这些年的工作经验，甚至包括一些不该说的商业秘密，都不对小希设防。

两年后，小希就辞职到另一家公司，现在的她竟然成了陈冉公司最大的竞争对手。她抛出了曾经陈然给她透露过的一些公司计划，来了一个"先下手为强"，搞得陈冉措手不及。

当我们被别人夸得晕头转向时，难免就会放下对对方的防备，一股脑地把什么话都倾吐出来，这绝对是为人处世的大忌。虽然我们不能在日常生活中对每个人都像防诈骗分子一样小心，但最起码对那些说话过分热情的人保持应有的防备，对那些过于热情的话语选择谨慎倾听，是非常有必要的。

7. 萍水相逢的人的承诺不可轻信

在与萍水相逢的人打交道时，不要过于天真地轻信他的话。因为麻痹轻信是骗子们成功行骗的心理助手和帮凶。行骗者大多都是"心理专家"，他们善于利用人们爱慕虚荣、急功近利、贪图享乐等心理弱点，把自己伪装成事业的强者、经济上的阔者，巧妙地诱人上钩并打破对方的心理防线，最终达到行骗的目的。

相信不少人都收到过："事情已经办好了，你把钱汇到这个农业银行卡上，卡号是622848……""尊敬的用户，您的手机号码已被某某节目抽选为场外二等奖幸运用户，您将获得本栏目送出的惊喜奖金88000元及苹果笔记本电脑一台……""我为您点了一首歌曲，里面有我想要说的话，请拨打电话收听"等类似的诈骗短信，信以为真的人，往往会造成自己财产上的损失。因此对陌生人的短信切不可轻信，也不要随便回复陌生人的电话。

黎涛最近生意上遇到了一点麻烦，资金有些周转不开，这天，黎涛觉得自己真是碰到了天上掉馅饼的好事，因为他在无意中看到了一则"只要提供身份证就可贷款"的信息，这让黎涛喜出望外，不用多费周折就能贷到数额不少的钱款，这简直就是上天也在帮自己。

黎涛按信息上提供的电话号码与对方取得了联系。双方见面后，自称姓赵的男子告诉黎涛贷款的手续非常简单，而且想贷多少就贷多少。

黎涛于是就把自己的身份证交给了赵某，赵某告诉他十天左右就能办完，他只需在家等着就行，办好后会通知他。已经过了约定的时间，黎涛也没有接到赵某的通知，等不及的黎涛只好主动打电话给他，赵某表示，因为最近单位里的事多、工作太忙，贷款的事还没有办好，让黎涛再等几天。过了几天，黎涛又接着催促。然而赵某以手续太难办为由又拖延了四五天。

黎涛开始发觉有些不大对劲了，就想着：还是把自己的身份证先要回来再说吧，结果当他打电话联系赵某的时候，发现对方的号码已经拨不通了。就在这个时候，一张来自银行的催款通知书让黎涛彻底醒悟了。

黎涛赶紧去银行查问催款单的事，这才知道原来是赵某利用他的身份证办了张信用卡，并透支了6万多元，而赵某之前给他留的信息都是假的。

在信息技术高速发展的今天，网络成为简捷而快速的交流平台。因为网络，我们多了许多萍水相逢的朋友。当我们把虚拟的网络人生搬进现实，当那些萍水相逢的朋友走进了我们的生活，就难免会在原本平淡的生活中掀起一丝波澜。

网络是虚拟的，来去皆自由，而现实是残酷的，别轻易相信别人的承诺，更何况是萍水相逢的人给出的承诺，更是不可信。

刚刚毕业到通信行业工作的孙雅静，平常喜欢上网聊天。一年春天，她在网上结识了一名叫"悟空"的帅气网友，两人聊得很开心，双方还进行了视频，彼此都感觉不错。

这一天，"悟空"邀请孙雅静晚上到中心广场旁的一家西餐厅里吃牛排，因为离自己上班的地方比较近，孙雅静很爽快地就答应了。"悟空"除了主动埋单外还不时献殷勤，孙雅静觉得这个网友还不错。

饭后，两人又一起去逛街，"悟空"提出去某KTV歌厅去唱歌，孙雅静欣然应允，但是为了安全起见，孙雅静还是小心地叫了几个女友一起前来,"悟空"也叫来了三位自己的同伴。包厢里水果、小吃、红酒、饮料应有尽有。

刚开始的时候几个男人与她们一起聊天、对唱,还算"中规中矩",可是刚喝了一点酒,那几个男人就开始对她们动手动脚,这让孙雅静她们很反感,并严厉地警告他们"不要乱来"。几个男人也不敢太放肆了,就接着继续唱歌起来,这时,台上的饮料也"消灭"得差不多了,"悟空"就借故出去打电话了,另外三个男子也紧随其后找各种借口出去了。

看看夜已经深了,孙雅静姐妹就说:我们准备回去吧。孙雅静说等等他们,结果等了20多分钟也不见人回来,孙雅静她们就起身打算自己先走,可是走到门口的时候却被服务生拦住了,说她们一共消费了2000多元,要先埋单才能走。

孙雅静及女友们这才发觉她们上当了,最后她们只好打电话给朋友求助,朋友送钱过来结账,她们才得以离开。

对于交往不深的人的承诺,一定要有所警惕,萍水相逢之人张口就承诺往往是靠不住的,你如果轻信,就会成为骗子们的猎物。倘若初次见面的人就轻易给你许下了承诺,那就更要小心了。

在与陌生人初次交往时,人们习惯于以貌取人,容易对仪表堂堂、风度翩翩的人产生好感。骗子们很善于利用人们的这种心理,精心包装自己的外表,诱使人们上当。因此,在同陌生人打交道时,千万不要放松警惕,被表面所蒙骗。

当人们处于困境或苦闷孤独中时最希望得到同情和关怀,然而这时候也正是骗子最容易得手的时候,他们以献殷勤、套近乎的方式骗得人们的好感。因此,我们要对献殷勤者保持一定距离,在甜言蜜语面前一定要多长一个心眼。

当然,加强积极防卫心理并不是要人们把自己封闭起来,拒绝与人交往,也不是风声鹤唳,草木皆兵,闹到"谈虎色变"、谨小慎微的地步。只要我们在与陌生人打交道时,做到热情而不失控,真诚而不轻信,那么形形色色的骗局在你面前都将无法得逞。

年轻人思想单纯,对于外界的很多人和事物不会有防备心理,这也就给那些另有所图的人很大的空子可钻。比如在职场中第一次见面的生意人就给你许下和我们签单的承诺，我们在当回事的同时，最好也多留个心眼。千万别就指望他一个人给你下单，万一他说话不算数了，那我们不就很亏本了吗？

总之，萍水相逢的人给出的承诺，也像浮萍一样，很快就会消散。虽然人人都爱听别人对自己承诺，无论是爱人的山盟海誓，还是朋友的义胆忠贞。但对于萍水相逢的人给出的承诺，我们还是不信为好，小心为自己留下难以抹去的伤痕。

8. 小心！交情不多的朋友突然和你说起了心里话

在生活中，我们往往把友情分为好几等，最上等是女人口中的"闺密"，男人心中的"铁瓷儿"；再往下一层便是那些普通朋友，虽然也一起吃过饭，但还谈不上交情；最下面一层，则是那些萍水相逢，只见过几面，算是有点眼缘的朋友。当这些友情各在其位，互不干扰时，我们的生活简单而又平淡。

倘若有天你发现，谈不上交情的普通朋友突然和你说起了心里话，很久未联络的好友突然打电话对你热情起来，如果这样，那么你应该有所警觉，因为这种行为表示他可能对你有所图。

之所以用"可能"这两个字，是为了对这样的行为保持一份客观，避免以小人之心度君子之腹，误解对方的好意。因为人是有感情的动物，他有可能在一夜之间，因为你的言行而对你产生好感，就像男女互相吸引那样。不过这种情形不会太多，而你也要尽量避免这种联想，碰到突然升高热度的友情，只有冷静待之，保持距离，才不会被烫到。

林清和陈灵萱是同属一个公司的两个广告模特，由于长相甜美，身边不乏别人追捧，两人从小便都有些性格孤傲。平日里见面也都是点头微笑，从来没有更加亲密一点的接触。

一天，公司安排两人一同为某品牌服饰拍摄外景广告，另外还有一个男模随之前往拍摄地点。自打那天开始，林清便主动上前和陈灵萱搭讪，告诉她一些自己的减肥秘诀，还会在周末的时候，到陈灵萱的住所，为她做最拿手的素食。这让陈灵萱很是感动，放下了那高傲的劲头，把林清当成了自己的好朋友。

后来在更深一步的接触之后，灵萱才发现林清的真正意图。原来她是看上了那天一同前来拍摄的男模特，又知道因为对方和自己属于同一门下，接触颇多，再加上那天看对方对自己很是照顾。于是，醋意大发的林清便想从灵萱这里打探到更多那个男模特的消息。而且，为了阻止男模特追求灵萱，林清私下里和他说灵萱的坏话，让他不要和灵萱太亲近。知道此事的灵萱，对这段突然升温的友情产生了一股厌恶感。

在社会上，越是对你好的人越是要小心提防。一个人如果是想害你的话，他对你不好，对你冷淡，你对他有警戒心，他不容易得手。但如果他对你很好，你没有警戒心，这样他是非常容易伤害到你的。他们正是知道这样的一个规律，所以在想算计你的时候，总是想办法先对你好，等你消除了他的警戒心，再下手。由于你没有警戒，下手就容易得多了。

那么要分析这种突然升温的友情是否含有企图，也不难。首先是看看自己目前的状况，是否握有资源，例如有权有势。如果是，那么这个人有可能对你有企图，想通过你得到一些好处；如果你无权也无势，但是有钱，那么这个人也有可能会向你借钱，甚至骗钱；如果你无权无势又无钱，没什么好让别人求的，那么这突然升高热度的友情基本上没有危险，但也有可能"项庄舞剑，意在沛公"，是想利用你这个人来帮他做些事，例如有些人就被骗去当劳力，或是重点在你的亲戚、朋友、家人身上，而你只是他过河的踏脚石。

经过你的理性分析，无论这段突然升温的友情对你有没有什么危险，你的态度都要有所保留，谨慎对待：

1. 不推不迎

"不推"是不回绝对方的"好意"，就算你已经看出对方的企图也不要回绝，否则很可能立即得罪一个人；但也不可迫不及待地迎上去，因为这会让你抽身不得，抽了身又得罪对方，把自己变得很被动；不推不迎就好比男女谈恋爱，回应得太热烈，有时会让自己迷失，若突然斩断情丝，则会惹恼对方。

2. 冷眼以观

"冷眼"是指不动情，因为一动情就会失去判断的准确性，此时不如冷静地观看他到底在玩什么把戏，并且做好防御，避免措手不及。一般来说，对方若对你有所图，都会在一段时间之后"图穷匕见"，显现他的真实目的，他不会跟你长时间耗下去的。

3. 礼尚往来

对这种友情，你要投桃报李，他请你吃饭，你送他礼物；他帮你忙，你也要有所回报，否则他若真的对你有所图，你会"吃人嘴软，拿人手短"，被他牢牢地控制住。想要临事脱逃？恐怕没那么容易。

总之，害人之心不可有，防人之心不可无。对于突然升温的友情，我们要好好把握住火候，既不能让它冷却掉，又不能因为温度太高而灼伤了自己。不同等级的友情原本就应该各归其位，这样对我们来说才更有利。

第七章
谎言,识破不必点破

1. 说谎者的情绪有什么变化

说谎与情绪之间并没有必然的联系，但是当一个人极力想要掩饰内心的真实意图的时候，他的情绪表情中难免会露出一些破绽。就算一个人一直掩饰自己的情绪，在说谎时也会有细微的变化，只要你留心观察，任何情绪都可能使谎言泄底。

只要掌握了一定的技巧和方法，你从一个人的情绪和表情变化里也可以看穿他的谎言。

1. 表情动作不一致者往往言不由衷

人的语言也许可以设计和伪装，下意识的表情和动作却很难被人为控制。如果一个人在表达一种情绪或者讲述一件事情时，他的肢体动作、表情和语言都不同步，或者是不协调，往往能说明他的心中有鬼。想要看穿谎言，需要善于抓住这短暂的"时间差"。

如果一个人嘴上说着一些动听的话语，但是说话的同时双拳却是紧握的，这就是传递撒谎的一个很明显的信号。就像一个人蹙着眉头或者摇晃着拳头，嘴里却说着"我爱你"，表情动作与所说的话明显不一致，很显然是在撒谎。

当人们收到一份自己喜欢的礼物时，正常的反应是，一边微笑，一边说"我很喜欢"，但是如果他是在说"我真喜欢"之后才露出笑容，这就表示他实际上并不太喜欢这份礼物。

当一个人面无表情地和你拥抱，嘴上却说着"你真好"，或者一边做出不以为然的神情，一边说着"我非常赞成你的观点"。你可不能轻易相信他，语言和表情相互矛盾，十有八九在撒谎。

2. 面带恐惧，撒的一定不是小谎

当一个人只是说了一个小小的谎言，他多少心里会有些底，就不会出现太多恐惧的表情。因为他知道即使自己的谎言被揭穿了，也不会有太大的麻烦。越是撒了大慌的人，越是想要极力地掩藏，如果你够细心，就会从他细微的表情中看见恐惧的信号。

说谎者恐惧表情的多寡，一方面取决于说谎者的心理素质，另一方面也跟他所面对的人有关。当说谎者认为自己面对的只不过是个"嫩角色"，自己被识破的概率也比较小的时候，就不会出现太多恐慌。相反地，当说谎者面对的是一个"江湖老手"时，那种时刻害怕被看穿的恐惧会让一切暴露得更快。

3. 情绪持续过久，往往是在伪装

我们要知道，情绪出现的时间快慢都是很难作假的。所以，只要你留心观察，就不会被愚弄了。作假的情绪反应是非自然发生的，它是经过人的大脑思索后才出现的，所以时间会稍微延后，持续的时间也会比真诚自然的情绪反应要久。

很多情绪来得快去得也快，惊骇、惊讶的情绪反应就是一个很好的例子，当人们假装很惊骇、惊讶的时候，为了使人相信，就会刻意延长保持害怕、恐惧表情的时间。人的这些情绪反应都是一瞬间的事，如果持续过久，那就极有可能是装出来的。

4. 皮笑肉不笑，多是欺骗的信号

笑容常被说谎者用来掩饰其他的表情，但是人在说谎的时候很少笑，即使是笑了，也不是发自内心，而是勉强挤出来的笑。一个真诚自然的微笑会让整张脸亮起来，而勉强挤出来的假笑，往往只是嘴角的扯动，并不牵动整张面部，这就是我们常说的"皮笑肉不笑"。人们也常用"笑容不达眼底"来形容一个人牵强、虚伪的表情。如果一个人在笑的时候嘴巴紧闭，眼睛和前额也没有任何变化，就说明了他的笑是一种虚假的伪装。

5. 假装愤怒，很可能是在掩饰什么

有些人为了掩饰自己的谎言，说谎后就会故意装作愤怒的样子，有时候为了让自己的愤怒看起来更加真实，他们还往往会再加上手和手臂的动作作为强调。但是，这种事后强加的动作，不但会"慢半拍"，还会显得非常机械化，也很难和说话的语气保持一致。当你捕捉到这些信号，发现一个人的愤怒是假装的时候，那么基本可以判定，他是在说谎了。

6. 敏感害羞，可能是撒谎之后的表现

有人曾说："一个人脸红起来，不是天真的纯情少女的话，那可能就是做了不该做的事。"有些人深受"说谎罪大恶极的"观念的影响，对说谎特别地敏感害羞，最常见的表情就是脸红。当然了，一说谎就会脸红的人，比那些撒谎面不改色的人要可爱得多。

2. 不要轻易拆穿男人的谎言

男人天生爱撒谎，而大部分男人的谎言都是说给女人听的。即使是在一段完美的爱情中，也很少有男人不撒谎。所以，作为女人，你要明白的是，男人不可能不撒谎，重要的不是他是否对你撒了谎，而是他为什么要撒谎。男人撒谎的原因无非是躲避麻烦、保全面子、炫耀自己的成就等，有时也是为了维护他们内心根深蒂固的大男子主义念头。

男人常常把说谎当作理所当然，而女人却往往对男人的谎言火冒三丈，甚至有时候忍不住跟他大吵一架，自己伤心难过不说，两个人的感情也出现了裂痕，我想这不是每个女性的最终目的。面对男人的谎言，你要静下心来认真分析，多想一想他撒谎的动机是什么？聪明的女人对待不同的动机，会有不同的做法，该封杀的就封杀，该闭一只眼的时候就别睁眼。

男人的谎言不都是为了掩饰自己的错误，有时候也是一种善意的欺骗，是为了让女人高兴而说出的一些违心的话。比如：明明你长得有些胖，他说你身材丰满；明明你很瘦，他说你是骨感美；明明你个子不高，他说你娇小可爱。当妻子面对老公这样的谎话时，又何必忙于去揭穿他呢？

有一天，苏昕接到了一个来自老公的同学打来的电话，对方是个很爽朗的女人，一口一个嫂子，叫得很是热情。她叫李芬，打电话来是通知苏昕老公去参加晚上的高中同学聚会的。正好老公不在家，苏昕答应转达。

当天，老公回来得很晚，而且喝得醉醺醺的。苏昕是一脸的不高兴，冷嘲热讽地奚落他："喝这么多，是见到同学李芬太高兴了吧？"

老公一听苏昕的话里充满了酸味，就把嘴一撇，露出一脸的不屑："嘿，你说那个李芬啊？你是不知道，李芬长得那叫一个丑，个子不高吧，还特别胖，脸上还一块黑一块白的，简直像一个40多岁的家庭主妇，跟我媳妇比,那叫一个地下一个天上!在聚会上我都不敢看他,实在是长得太恐怖了。"

听了老公的话,苏昕立刻高兴了起来,难得老公"酒后吐真言"说自己长得漂亮,心里怎么会不美滋滋的呢?

一周后,苏昕带孩子去休闲广场玩,遇到了老公的几个同学。经人介绍,其中一个长得眉清目秀的女人正是李芬,苏昕一下子愣住了,但是很快就缓过神儿来,礼貌地和大家寒暄了起来。

回家后,苏昕并没有把遇见李芬的事告诉老公,也没有揭穿老公的谎言,反而为老公做了一桌子丰盛的佳肴。老公虽然不明就里,但还是吃得很开心。看着一家人其乐融融的样子,苏昕舒心地笑了,她觉得自己很幸福。

有时候,男人说谎或许是因为不想你不开心,也有可能是你对他的"家教"太严了,让他不敢对你说实话。存私房钱孝敬父母,说你和十八岁的小姑娘一样漂亮,和同事喝酒却假装加班……当你发现男人们的这些小谎言时,不必急得暴跳如雷。如果你把这些谎言大哭大闹地一一拆穿,只会让他觉得他自己就像一头没有自由的困兽,早晚有一天他会忍无可忍地想尽快分手离开你。不过,话说回来,像有外遇、有私生子、转移房产之类的涉及原则问题的谎言,一定是要果断揭穿的。

在婚姻生活中,男人也几乎没有不说谎的。做妻子的,在面对丈夫的一些小谎言时,大可睁一只眼闭一只眼,不要太较真。有时候糊涂一点,婚姻生活会更加和谐。

在夫妻相处中,男人的谎言只要不是方向问题、原则问题或伤筋动骨的本质问题,女人糊涂地敷衍而过,也是经营幸福婚姻的一门艺术。步入"围城"的女人们,在经历过许多风风雨雨之后,自己的婚姻坚实与否自己最清楚,老公偶尔的谎言或许会成为"围城"中的风景。在我们无法逃避的这个谎言时代,善待老公的谎言,无伤大雅的谎言不必揭穿,给彼此和婚姻都蒙上一层神秘的面纱,更能让我们在和谐的婚姻中收获属于自己的幸福。

3. 喜欢吹牛的人其实很自卑

　　一个喜欢吹牛的人，很多时候是因为心里太在意自身条件的不足，比如出生卑微、长相普通、工作一般等，这些都让他从心底感到自卑，因此他就通过吹牛来掩饰自己的这一心理。或许有人会问：他为什么要吹牛呢，难道他不怕被戳穿吗？

　　其实，一个人之所以喜欢吹牛，大多都是由于个人展示欲在作祟。一个人在说大话的时候，想要极力抬高自己的欲望远远战胜了他对"牛皮会被戳破"的担心，他喜欢陶醉在别人感叹的表情里。

　　爱吹牛的人往往爱慕虚荣、内心自卑。他们的愿望在现实当中得不到满足，于是就把这种无法实现，但又极其渴望得到的心理表现到嘴上来了。但是他们并没有意识到，他们是过了瘾，可是在别人的心目当中，他们的形象又下降了，因为他们从不依据事实，随意夸大自己的行为，使他们的人格力量变得越来越小。

　　王南出生在一个贫困的小山村，家庭并不富裕，王南在校读书期间就一直省吃俭用，好不容易上完了大学。参加工作后，因为要挑起家庭的重担，他花钱依然很节省。但是王南却是一个很爱吹牛皮的人。

　　他身上的T恤衫是花了二十块钱在批发市场淘到的地摊货，同事们说他的衣服不错，问他多少钱、在哪买的。他想：如果同事们知道我穿二十块钱的T恤，一定会瞧不起我的。于是他就向同事说自己花了三百多块钱在某大型商场买的，为了不让同事过早发现他的谎言，他还说：这款T恤是限量版的，估计现在已经买不到了。

　　王南的这种"穿二十元T恤会被人瞧不起"的想法，其实就是一种自卑心理，他会认为别人也都这样想。为了不被别人瞧不起，得到别人的尊重和羡慕，所以就把T恤的价格虚抬到了三百块钱。

　　除了贫穷让他感到自卑外，个子矮、一紧张就会结巴的缺陷也常常让他深感不安。因此，他常常用吹牛皮来满足自己的虚荣心，他总是希望得到大家敬佩艳羡的目光。一开始，他的牛皮也的确起到了这样的效果。但是时间一长，大家逐渐发现了他说的那些都是在吹牛，都觉得他为人虚伪。慢慢地，大家就都疏远了他。

无论出于何种原因说大话，大多都会影响心理健康及人际关系。一方面，习惯说大话让真实的自我越来越小，虚假的自我越来越大，从而忽视解决问题，因此很难获得成功；另一方面，说大话或许可以获得他人暂时的尊重，但一旦大话被戳穿，别人就认为你在无中生有，在愚弄他人，从而失信于人。

爱吹牛的人有时候也突出了他病态的虚荣心，他想要在别人面前表现得有自尊，但是因为过分强求，让自尊演化成了一种虚荣心理，为了引起别人的注意而极力地表现自己。

吹牛也是一种提高自信、降低内心恐惧和焦虑的心理需要。"二战"期间美国的麦克阿瑟将军就是一个这方面的例子。有一次，德国空军在他附近投下的一颗炸弹爆炸了，警卫问他为何不迅速躲开，他说："希特勒永远炸不到麦克阿瑟。"这种大话能让人获得竞争的心理优势，在刻意蔑视对手的同时，解除了焦虑情绪。

一个人在希望得到别人的认可和尊重时，往往夸大自己的优点。如果他相貌平平，他可能会向众人炫耀他的才能和工作成绩等。因为相貌对他来说非常自卑，或者因为这样的相貌让他经历过其他的什么打击。比如，因为相貌平平，他暗恋了几年的女孩在她向他表白的时候嗤之以鼻，这在他的心里留下了自卑的后遗症。因此，他要让所有人知道，其实相貌并不重要，能力才是他最大的优势。比如他在某次公司评级中当选了优秀员工、在公共场所抓住了小偷、他和某个名人一起吃过饭等，他只是借此来淡化心理的不平衡和自卑感。

大话有时也确实满足了说大话者的虚荣心；但它毕竟是空的，过不了多长时间，总会像孩子吹出的肥皂泡一样纷纷破碎，化为乌有，对自己毫无益处。

与这样的人相处的时候，你最好不要直指他的痛处，你可以尽量地满足他的虚荣心理，顺着他所作出的成绩赞美他，他只是需要被关注，缺乏安全感而已。他这么夸夸其谈，只是想告诉大家，他希望大家更关注他的优势。

这样的人其实本质并不坏，他的弱项就是怕别人低看了他。因此，对待这样的人，你一定要表现出对他的成就的赞美和羡慕，这样他便很愿意和你接近，甚至把自己的心里话对你说出来。

4."听我解释"其实就是在说谎

"听我解释"，多数是说谎的代名词。当有人对你说这句话的时候，你应该格外注意，看他接下来的解释到底有没有可信性。人们常说"解释就是掩饰"，这句话是有些道理的，掩饰什么，掩饰的就是谎言背后的真实。

刚出门上了趟洗手间的魏明，回来后就发现桌上的随身听不见了，他奇怪地问室内仅有的室友——郜杰。

"郜杰，刚才有人进宿舍吗？"魏明问道。躺在床上的郜杰侧翻了一下身，答道："没有啊，我没发现有人进来啊。"魏明说："那我桌上的随身听去哪了？"郜杰显得有点慌，他说："我真的不知道。"魏明笑着说："没关系的，如果你拿了就说一声，没有关系的。"

郜杰勉强地笑着说："我真没有，请听我解释！"

接下来，郜杰就开始编故事了，他说刚才自己也出去了一趟，买了包烟……

很明显，郜杰是在说谎。去楼下超市，再回到宿舍最少也要5分钟，而魏明去趟洗手间不过2分钟。魏明心里明白郜杰在说谎，随身听就是郜杰拿的。

在生活中，我们经常会发现每当事情即将败露的时候，总有人会慌张地说："等一等，请听我解释！"这是典型的说谎举动。"等一等，听我解释"，只是为了拖延时间，为了给自己找到脱身的机会，好让自己想出辩解的理由或准备反攻。许多说谎者正是在"听我解释"的空隙里找到了貌似真实的解释来蒙蔽别人。

当下属气愤地说："你这可恶的家伙，别以为是上司就可以胡说八道，你如此看不起别人，是不可原谅的！"下属说着就挥起拳头想打过去，这时上司会慌忙地说："等等，请不要用武力，听我解释！"于是，上司就能找出许多"看不起"下属的理由、试图通过"听我解释"来掩饰自己不合理的言行。

如果留心观察，我们就会发现，当一个人说"等一等，听我解释"，大都是在被逼问地没法回答的时候才这样说的。正是因为没法继续回答，所以才能拖延时间，编理由，编故事为自己开脱。所以，不要轻易相信别人的"听我解释"，因为那些解释有太多说谎的嫌疑。

5. 理解别人善意的谎言

说谎就意味着欺骗，撒谎也是人的本能之一，相信没有任何人敢说自己从小到大从未制造过谎言。谎言，顾名思义是不好的，因为有很多人制造谎言的目的是为了自己的利益。但是谎言也有善意的一面，有些人制造谎言的出发点是善意的，无论是对自己的亲人、朋友、还是不相识的人，其本质是好的。有时候，一些善意的谎言能让我们以及爱我们和我们爱的人生活得更美好。

有一个双目失明的小女孩，又不幸得了白血病，在她生命的最后时期，医生问她最大的心愿是什么，她说："我想去天安门看升旗仪式。"

对于一个生命垂危的女孩的最后心愿，医生和家长又有什么理由拒绝呢？

但是小女孩的家在遥远的新疆，如果带她去北京的天安门看看升旗仪式，医生担心她无法承受旅途的劳累。于是，一个由女孩的家人、医生、和2000多名志愿者组织的集体编造谎言的活动开始了。从"上火车"到改乘"旅游公车"，一路上，从沿途"报站"到服务员端茶倒水，甚至到跟"旅客"们的交谈，都是大家的有意安排。

最后，他们一行人来到了一个学校，在军乐队伴奏的国歌声中，女孩以为自己真的是来到了渴望已久的天安门广场。当大家看到她无力地举起她的小手向国旗的方向敬礼时，无不流下了热泪。

有时候，善良的人们会在某种状态下"被逼"说出善意的谎言，这种谎言对主体来说是一种友善和关心。而心术不正的人，不管如何绞尽脑汁伪装，如何花言巧语，其所说的谎言都带有恶意目的性。

善意的谎言往往是以维护他人利益为目的和出发点，它的动机是善良的。善意的谎言本身的性质决定它是建立在内心诚和善的基础上，而恶意的谎言是以强烈的利欲、薄弱的理性为说谎者谋取利益，并不惜伤害他人的行为。

善意的谎言可以说是一种处世的方式，也是一种替人着想的品质的体现。

比如，医生检验出病人得了癌症，多数时候并不直接告诉病人，只是淡淡地对病人说："没多大事儿，回去吃点药养一养就好了。"另一边，则悄悄地告诉他的家人，要怎样进行治疗。像这样的善意的谎言谁会说它不好呢？

曾经有一个姑娘，从一出生就生活在黑暗之中，世间的美丽和丑陋她都无从分辨。

她还是村里最丑陋的女子，但她对此并不知晓。母亲一直说她是村里最美丽的女子，她相信母亲的话，快乐而骄傲地活着。

等姑娘到了出嫁的年龄，因为长得丑，又是个瞎子，村里没有一个人愿意娶她，只有外村的一个断了一只手的小伙子同意娶她。

姑娘的母亲对小伙子说，她只有一个要求——不准在姑娘面前说她长得丑，要夸奖姑娘是村里最漂亮的女子。小伙子一口答应下来。

母亲回家对姑娘说："你将来的丈夫是村子里最英俊的小伙子。"

成亲那晚，姑娘问小伙子："娘说你是村里最英俊的人，对吗？"

小伙子回答说："是的。"

姑娘接着又问："娘说，我是村里面最漂亮的女子，是真的吗？"

小伙子响亮地说："是的，你是村里面最漂亮的女子，我永远爱你。"

姑娘脸上泛起了羞涩的红晕，此后，她活得更加自信了——自己是村里面最漂亮的女子，又嫁给了村里面最英俊的小伙子，这世上还有什么比这更加幸福的事情呢？

后来，姑娘的母亲去世了，而姑娘也给小伙子生下了一个小男孩。善良的小伙子从小男孩懂事起就告诉他，要说自己的母亲是这个村里最漂亮的女子。

母亲的谎言、丈夫的谎言、儿子的谎言让姑娘的一生都充满了幸福和甜蜜。

或许在旁人的眼中，姑娘只是一只丑小鸭，而她自己却活得像一个骄傲的公主。这就是善意的谎言的力量。在日常生活中，善意的谎言大多是为了不想让对方痛苦、难过，或不愉快等，而这些谎言也确实给家人、朋友、爱人之间带来快乐。

我们的生活本就充满了大大小小的谎言，从情人间的甜言蜜语到煽动性极强的广告，无一不充斥着夸张的言辞。善意的谎言虽然也是假话，但是前提是"好心的"。它与那些以个人利益为出发点的恶意的谎言少了危险性。

所以我们不能不分青红皂白地就把所有的谎言都定义为：掩盖、歪曲事实真相，夸大、不实事求是，我们需要试着去理解别人善意的谎言。

6. 别人的心思看破不点破

不管是在工作还是在生活中，人们都难免会有说错话、做错事、得罪人的时候，这个时候如果我们以牙还牙，直接戳穿别人的错误，往往会让事态变得更严重。所以，很多时候，对于别人的想要掩盖自己错误的心思，看破了也不必点破。

"刘总您好。"孙志强找到自己的上司说，"我昨天送来的文件您签了吗？"刘总想了一想，就开始在办公室里翻箱倒柜地折腾了一番，最后，他耸了耸肩，摊开双手无奈地说："对不起，我没有看见过你的文件。"如果是刚毕业那会儿，孙志强一定会义正词严地反驳："我是亲眼看见您的秘书把文件放在桌子上的，您大概是当废纸给扔掉了吧？"

可是，这么多年的职场生涯，孙志强早已明白一个道理：即使知道老总是睁眼说瞎话，也绝对不能揭穿他，否则最后吃亏的还是自己。而且他想要的不过是老总的签字，于是孙志强平静地说："那好吧，我再回去找找看。"孙志强回到自己的办公室，把存在电脑中的那份文件重新调出来打印了一遍。当他把文件再次送到刘总面前后，刘总连看都没看就签了字。

没有人愿意将自己的错误或隐私在公众面前曝光，特别是在自己的下属面前，一旦出现这种情况，他们会感到难堪或恼怒。

信陵君是魏王同父异母的兄弟，也是"战国四公子"之一，在当时的威望很高，仰慕他的门客达三千人之多。有一天，信陵君正在宫中和魏王下棋，忽然下人报告说北方升起了狼烟，可能有敌人来袭。魏王一听便打算召集群臣共商应敌事宜，而信陵君却不慌不忙地说："先别着急，或许是邻国君主在打猎，我们的边境哨兵一时看错，误以为敌人来袭，所以生起烟火，以示警诫。"过了一会儿，又有报告说是邻国君主在打猎。魏王很惊讶："你怎么知道这件事情？"信陵君很得意地回答："我在邻国布有眼线，所以早就知道邻国君王今天会去打猎。"从此，魏王疏远了信陵君。信陵君渐渐失去了魏王的信赖。

当一个人知道了别人不知道的事，就难免会产生一种优越感，但是这种优越感也会让别人产生一种危机感，从而心生芥蒂。因此，对于这种旁人不及的优点，我们有必要隐藏起来，以免招来祸事。

有一位女士，来到百货公司要求退回一件外衣。她说这件衣服自己绝对没有穿过，要求退换。其实，这件衣服她已经拿回去穿过了，只是很多朋友都说不好看，她这才不想要了。

细心的营业员发现，这件外衣有明显干洗过的痕迹。鉴于之前这位女士说"绝对没有穿过"，而且又精心伪装了这外衣被穿过的痕迹，如果直接向她点明这一点，对方肯定不会承认，双方更有可能会发生争执。

于是，聪明的营业员说："你是否核实一下是不是您的家人把这件衣服错送到干洗店去过？其实不久前在我身上也发生过这样的事，我把一件自己刚买的衣服随手跟其他衣服一起堆放在沙发上，结果我母亲没注意，就把新衣服和一大堆脏衣服一起塞进了洗衣机。我猜想你是否也遇到了类似的情况——因为这件衣服的确看得出有被洗过的痕迹。不信的话，您可以拿它跟其他衣服比一比。"

这位女士知道自己已经无可辩驳，而营业员又为她的错误找好了借口，自己也算有了台阶可下，自己也不好再坚持，于是就乖乖地收起衣服走了。

不会有人愿意将自己的计谋，特别是不良的计谋在公众面前揭穿。在这种时候，我们就需要以宽容和耐心来对待，主动为对方制造一个台阶，相信识趣的人都会顺水推舟，成全一个漂亮的结尾。但是，如果你在遇到这种情况的时候大发雷霆，得理不饶人地将对方数落得一无是处，不仅会引发不必要的争论，还会给自己带来麻烦。当面揭穿别人的小心思，并不会让对方心服口服，反而在很多时候都会激起对方的愤怒。

在人际交往中，有些事心里明白即可，不一定非得说出来。适时地装一下糊涂，有百益而无一害。即使你能看透对方的内心，也不要点破，更不要到处宣扬，因为这样很可能会给自己带来不必要的危机和麻烦。

7. 让对方说出实话的妙招

聪明人都知道，要想知道一个人是否说谎了，需要注意对方的面部表情，如果确定他在说谎，那么怎样套出对方的实话呢？有时候，我们可以通过激将法来套出对方的实话。

鲁文公元年，楚成王想废掉商臣，改立王子职为太子。商臣听说了这件事，但不知是否属实，就去问他的老师潘崇："我现在如何才能得知这件事的真伪呢？"

潘崇对他说："你现在要做的是宴请成王的妹妹江，席间故意对她不尊重，激她说出真相。"

商臣采纳了潘崇的建议。当商臣在席间对江无礼时，江非常愤怒，并大骂："好啊，你这个卑贱的东西，难怪君王想要废掉你，改立王子职为太子。"

商臣赶紧告诉潘崇："确实是有这样的事。"

潘崇问商臣："您甘心做王子职的臣子吗？"

商臣说："当然不甘心！"

潘崇又问："那你会不会离开楚国？"

商臣说："不会。"

潘崇再问："那你敢不敢发动兵变弑杀君王？"

商臣答道："敢。"

同年十月，商臣率领东宫守卫包围了成王的宫殿。十八日，成王上吊自杀。后来商臣即位，成为穆王。

潘崇激将一招非常高明。由于事关重大，如果用"软"的方法来求得对方的实话，江必然是守口如瓶的，难以奏效。然而潘崇选择了通过激怒他，使他在情绪失控时，不由自主地吐露事情的真相。

激将法是获知他人内心真实意图和想法的好办法，但是需要注意的是，激将最好做到浑然天成，才不至于被对方识破。否则不但看不到真实的情况，反而会被对方利用或者迁怒，得不偿失。

此外，还有几种方法比较常用。

1. 要让对方有安全感

当一个人正在说谎或试图说谎的时候，他内心一定会先将自己武装起来，所以让他说实话的关键就是使他解除武装。因为如果正面跟他冲突，他一定会强词夺理地反击你。

比如，如果你对说谎者说："有什么话就直说吧，不用跟我兜圈子了。"这样是不会有任何效果的。这就像闭得紧紧的海蚌一样，如果你急着把它打开，它反而闭得很紧。如果你暂时不去理它，它内心没了那么重的戒备，就会慢慢地自然打开。

想很快地解除一个说谎者心里的武装，我们不妨这样说："把实话说出来吧，没关系的，这点小事，你不用担心。"当对方觉得安全了，他才有可能说出实话。当然，要使对方产生安全感，就需要我们表现出对他的信赖。

2. 要寻根究底

这种方法和前面的方法恰恰相反。因为只要有辩白的余地，说谎者始终会掩饰自己，所以只有逼问才能让他失去辩白的余地，才能让他露出马脚，最终不得不说实话。

洛克希德贿赂案中许多有力的证人，在最后终于供出了口供，就是因为他们被逮捕后，办案人员利用寻根究底的方法逼问他们，他们才说出了实情。

3. 要攻其不备

无论多么高明的说谎者，如果遇到突然而来的攻击，也会表现得惊慌失措，不得不投降。律师法兰西斯·威尔曼，在他的著作《询问技术》一书中，曾经提道："在追问一个决定性的问题时，首先不要询问证人，而应该等他回到证人席之后，再突然请他回来，重新询问，这种方法很有效。"

《孙子兵法》中也说过："攻其不备，出其不意。"当我们在对方没有防备的情况下，进行语言进攻时，对方很容易举手投降。

谎话只能说一次，如果经过两三次的重复，多多少少都会露出马脚。生活中常会发现这种现象，例如，早上同事打电话来说："对不起！我家又来了客人，麻烦你帮我向领导请个假，谢谢。"

几天之后，你突然问他："前几天你为什么要请假呢？"这时他可能说："因为孩子得了急病！"可见，他请假时说的理由和后来说的理由并不一致，这就证明他说谎了。攻其不备，谎言自显。

4. 要有效地利用证据

事实善于雄辩，当你找到证据的时候，谎言也就不攻自破了。所以，拿出有力的证据，是识破谎言最好的办法。

运用证据，识破谎言，首先要适当运用，用法不当，证据就会失去其效用；其次要适时运用，提前或推后，证据价值就会大大降低；第三，你的证据和辩词要有力、迅速，不给对方时间去考虑反击，一举成功。

以上说的几种方法，各有各的效用，我们应该根据对方情况而定。有时不能只用一种方法，可能综合运用多种方法更能收到效果。通过这些方法，相信你不但可以正确识别对方是否在说谎，还能让真正说谎者乖乖地说出谎言背后的实话。

第八章
别人委婉的拒绝，你听懂了吗

1. 你爱她，她却想让你知难而退

在爱情的世界里，两个人彼此相爱或者互不喜欢都不能让人感到痛苦，你爱她，她却不爱你，或者相反，才是最让人感到纠结的事。女人常说：在对的时间里遇上对的人，是幸运；若是在错的时间里遇到对的人，是遗憾，要是在对的时间里，遇到一个你不爱的但又对你死缠烂打的人，那简直成了悲剧。

女人都希望可以找到一个爱自己并且自己也爱的男人，在面对自己不喜欢的男人的追求时，她们会毫不犹豫地选择拒绝，但是女人大多又是善良的，她们不想伤害你的自尊心，又让你知趣闪人，所以多用委婉的方式拒绝。这个时候，如果你还紧追着不放，只会引来对方更多的厌恶。

小柔是一家外资企业里的业务精英，她人长得漂亮又踏实能干，年仅25岁的她就已经做到了销售主管的位置，小柔带领的团队的销售业绩也在公司销售的排行榜上遥遥领先。在年终的表彰大会上，新调来的经理对小柔的成绩大加赞赏。

会后，经理找到她说："不知我是否有这个荣幸，能请你下班后共进晚餐呢？"小柔早就看出来了：这位年轻帅气的经理虽然调来只大半年的时间，但是最近他看自己的眼神很不一般。虽说他的条件也还不错，但是小柔也常听人说：想要在职场上立于不败之地，要"爱上自己的工作，但不能爱上自己的上司"。再说经理也不是自己喜欢的类型。所以小柔在工作中时时小心谨慎地与经理保持着上司与下属的距离。

面对经理彬彬有礼的邀请，小柔犹豫了一下，但还是说："很抱歉，我晚上已经约了朋友去购物，恐怕时间不允许，您看改天行吗？"

经理微笑着和小柔握了握手说："改天你不会还有约会吧？"

小柔吓了一跳，结结巴巴地回答："不，不会的。"

之后的一个月里，面对经理的再三邀请，小柔不得不陪他去吃了几次饭，小柔发现，经理看自己的眼神越来越明目张胆了，这让她苦恼不已，心想：这可怎么办呢？我是真的一点也不喜欢他，但是要是直接拒绝他，万一惹怒了他，我很可能会失去升迁的机会，说不定连自己现在的职位也保不住了。

这天，经理又打电话邀请她去看电影，小柔想：这样下去也不是办法，于是就咬咬牙，撒了个小谎："非常抱歉，今天刚好是我男朋友的生日，我们晚上约好了要一起去庆祝。"

"男朋友？你真有男朋友？"经理吃惊地问，"以前怎么也没听你说提起过呢？要不这样吧，我改天请你和男朋友一起吃饭好吗？"

"没问题。"小柔只好硬着头皮回答了。再次见面的时候，经理又告诉小柔："我仔细地想过了，就算你有男朋友，也不管你男朋友怎么样，我也要和他公平竞争。"而且又提出让小柔约上他的男朋友一起出来吃个饭，小柔对此苦不堪言，因为她现在并没有男朋友，只得更加躲着经理了。

女人在拒绝的时候话语一般都比较委婉，特别是对同事和自己的上司。为了顾及你的面子，她并不会直接说出"我很讨厌你""我一点也不喜欢你"之类的话，当你对她提出约会的邀请时，她会以各种借口，如：已经约了朋友、身体不舒服，或者是拉上一大堆朋友和其他同事，这就表明她已经在委婉地拒绝你了。

在生活中，假如你直截了当地问女方说："你愿意做我的女朋友吗？"她或许也会直接回答："不行，我还没有交男朋友的打算。"她就算很讨厌你，通常也不会说出"别妄想了"之类的话。

"对不起，你是个好人。""我一直把你当作哥哥。""谢谢你，不过我认为我们并不合适。""你一定会找到比我更优秀的女孩的。""我还年轻，不想这么早就谈恋爱。""我已经有男朋友了。"当你对一个女孩表白时，她对你说出了这样的话，不管她说的是否是真心话，你都不必再纠缠下去了。这些拒绝的语言虽然委婉，但是已经非常明显地表明了"你不是我的菜"，她只是想让你知难而退。

2. 不主动拒绝，小心对方和你玩暧昧

男人无论结婚与否，在面对女性表示好感时，绝大多数都没有勇气或者是不愿意拒绝，更愿意同年轻女人打暧昧的符号。我们并不能肯定地说这类男人没有责任心，这是源自男人进攻和占有的一种本能。正所谓"万花丛中过，片叶不沾身"，他们常常在女人的温柔和眼泪中流连忘返，但是却又希望游刃有余，在必要的时候能及时抽身而退，不让麻烦缠身。

如果有一天自己有了新欢，或者被发现了这些小心思，面对责问时，他会理直气壮地说："一切都是你自愿的，谁也没强迫你，再说了，我也从来没承诺过你什么啊！"他们用不表示接受也不主动拒绝的方式，来说明他们对这样的"暧昧事件"没有承诺更没有责任。

他们不主动，却用一些花言巧语打动你的心灵；不拒绝，却用他们的贪婪腐蚀你的思想。他们常常用行动维系着与你的感情，但从不做出任何承诺。他们以各种方式诱使你的付出，让你意乱情迷，却抱着侥幸、逃避的心理不负责任。

沈萱在一家颇具规模的外资企业上班，公司新上任的经理是出了名的帅哥领导，第一次露面，就迷倒了半数女员工。

"我叫夏天宇，以后多多指教。"他主动和在座的员工一一握手，没有半点官架子。

简单的欢迎仪式过后，大家就开始各自工作了。不一会儿，沈萱的工作邮箱提示有新邮件，点开一看，是新来的夏经理发来的，他向沈萱索要QQ和手机号码，说是为了方便今后的联系。

"应该是例行公事吧。"沈萱当时这样想着，就一一如实回复。

渐渐地，沈萱察觉出一些异样，每次开会时，夏经理总是要让沈萱发言，问她的意见。每次经过她们办公室时，都要在沈萱桌前站上几分钟，问问沈萱的个人情况，谈谈工作。沈萱觉得，夏经理对她和对别人有些不一样。

有一天跟同事们吃午饭的时候，沈萱小心翼翼地问起她们是如何看待办公室恋情的。只见财务室的琴姐脸色一变，反问道："难道你有办公室恋情？"沈萱连忙半开玩笑地说："琴姐别瞎说，我知道咱们公司有规定，我还不想被要求自动离职呢。"但是琴姐还是一脸严肃，沈萱也就不敢再开玩笑了，连忙止住了话头，埋头吃饭。

一次下班后，夏经理以让沈萱为自己找文件为由，让她下班后在办公室等着自己。沈萱只好在电脑里搜索夏经理要的文件，办公室只剩下了他们两个人的时候，原本站在沈萱身后的夏经理突然俯下身，握住沈萱的手，沈萱吓得连忙躲开，并叫了一声"夏总！"。

"你怎么总是躲着我啊，我又不是老虎，不会吃了你的！"夏经理也连忙用一句玩笑话打破了彼此的尴尬。但是那种暧昧的气氛却始终挥之不去。这让沈萱一连几天都寝食难安，总是忘不掉那让人意乱情迷的一幕。

此后，夏经理对沈萱的关心就更加明显了，经常在楼下接她下班，还时常会送上一份甜蜜的小礼物。面对夏经理的关怀和照顾，沈萱心里美滋滋的。

在沈萱生日这天，夏经理给沈萱发信息，让她下班后到楼下车场去找他。"生日快乐！"夏经理说着就从车里拿出一台漂亮的笔记本电脑给她，"不知沈小姐今晚是否肯赏脸与我共进晚餐呢？"沈萱高兴地点了点头。看着沈萱笑靥如花的模样，夏经理在她的额头轻轻一吻。

"夏天宇！"一声震耳欲聋的呵斥声打破了原本看上去十分美好和谐的气氛，原来是琴姐，她正站在不远处，恨恨地看着他们。夏经理慌忙扔下沈萱，自己钻进车里，绝尘而去。

沈萱后来才知道，原来琴姐和夏经理两人已经领过结婚证了，只是碍于公司的规定，并没有向同事们公开。这让她十分尴尬，她感到自己没脸面对琴姐，只好辞职离开了。

在职场中，我们难免会遇到色心四起的男人，你一定要提高警惕，分清楚哪些他想要跟你玩暧昧的信号，小心落入他的魔掌。

1. 经常要求你和他一起加班

上司关心你的工作，找你去办公室谈话，这很正常。但是有些上司并没有什么目的还经常要求你这样做，这就说明他是有些企图的。如果上司总是因为一些无关紧要的事情让你加班的时候，你就有必要找一些理由委婉地拒绝他了，如果他发现了你有强烈的防范意思，就不会觉得自己有机可乘了。

2. 对你个人生活过分关心

人与人之间互相关心也是正常的事情。但是，如果一个同事对你过分关心，就有点不正常了。有些上司会对女下属的家庭、爱情经历、社会关系等和工作无关的事情都表现出极大的兴趣，这就有点过分了。

所以，除非你对上司的人品有绝对的把握，否则就不要随意向领导提供过多的与工作无关的信息。

3. 经常承诺给你升职加薪

对于一个有着完善管理机制的公司来说，提干和加薪都是有严格规定和组织程序的，就算是领导的话很管用，也是需要公开评选的，并不是他一个人说了算。如果一个上司经常给你这样的承诺或者暗示，只能说明他对你别有所图。

4. 要求你和他一起出差

同事之间一起出差，彼此之间可以互相照顾，同时也可以聊聊天，打发路途中的无聊时光，这原本是一件很快乐的事情。一些上司却不怀好意地要求异性下属和自己一起出差，借此明目张胆地对下属实施骚扰。如果你发现上司有这样的心思，一定要做好防范。

无论如何，我们都要记住一点，绝大多数在职场中玩"暧昧"的人，内心并不想和对方有其他更进一步的亲密关系，他们真的只是"玩玩"而已。一个人如果真正爱你，他一定会明明白白地告诉你，而不是和你搞若即若离的暧昧。

3. 朋友不想答应你的请求，但又不想伤了和气

在人际交往中，有时候朋友朋友并不愿意接受我们的邀请或请求，但是碍于情面又不好直接拒绝，就常常会用一些委婉的托词来达到拒绝的目的。

美国总统罗斯福还在海军任职的时候,有一次,一位好友向他打听海军在某小岛上建立潜艇基地的计划。这个问题属于一个军队的机密,不好回答。如果直接拒绝的话会让朋友觉得没面子,但是如果回答这个问题就等于是泄露机密,就算是非常要好的朋友也不能说。这时,罗斯福灵机一动,先是四下张望了一番,然后压低声音对朋友说:"你能保守秘密吗?""当然能了。"他的朋友爽快地答道。"那我也能。"罗斯福微笑地说。

罗斯福用幽默风趣的话语,既坚守了自己的原则,又顾及了朋友的面子和尊严,这样委婉的拒绝当然不会引起对方强烈的抗拒心理。

罗西尼是意大利音乐家,他生于1792年2月29日。因为每四年才有一个闰年,所以当他过第十八个生日的时候已经七十二岁了。一些朋友在他过生日的前一天告诉他,他们已经筹集了两万法郎,要为罗西尼立一座纪念碑。罗西尼听完后说:"浪费钱财!把这笔钱给我,我自己站在那里好了!"

罗西尼不好直接拒绝朋友的好意,但是他实在是不同意朋友们的做法,于是就用一个不切实际的想法,既不会伤害朋友的好意,又含蓄地拒绝了朋友们的要求。

有些时候,你想要寻求朋友的帮助,但是不好意思直接开口,用暗示和唉声叹气来表达自己的意图。例如,你对一位外地的朋友说:"听说老李要到你那边去出差,要不是旅馆费太贵了,我肯定会跟他一起去的。"但是这时,朋友并没有像你期待的那样说:"没关系,来了住我家不就行了。"而是以同情的口吻回答你说:"是啊,不过对于你的问题,我也爱莫能助啊。"不要以为朋友这是没有听懂你话中的意思,他这是在委婉地拒绝你。

一位长期从事后勤工作的老同志,在别人对他提出不合理的建议时,总喜欢用"目前""一时"等字眼,微笑地说:"你这个提议很好,不过目前我们还不宜采用。""这是个好主意,不过恐怕我们一时还不能实行。"用肯定的态度表示拒绝,用并未完全拒绝的语气回应对方,这使对方更容易接受。

有一位挨家挨户推销闹钟的推销员,这天,他叩开了一户人家的门:"先生,我想您应该需要一个闹钟,可以每天早晨叫您起床。"主人想了想,回答说:"你不知道,我根本就不需要买闹钟,我有妻子在身边就足够了,她能一到时间就闹!"推销员被主人的风趣幽默逗乐了,同时也明白了对方这是在暗示自己不会买闹钟,于是很知趣地走开了。

如果你受一位亲戚的委托,向你的某位朋友推销家具,你的朋友对你说:"这家具确实不错,价格也比较便宜,只是我现在都不明白家里人到底想要什么样的家具,也弄不清楚究竟怎样的家具更适合现代家庭,挑家具还真是一件麻烦的事。"他知道你一时也解释不清楚什么样的家具"适合现代家庭",因为这本来就是一个十分笼统而迷糊的概念,他这样说的目的就是想让你知难而退,别再继续向他推销了。

搪塞也是朋友表示拒绝常使用的招式,避实就虚、避重就轻,并不把事情讲得很明白,用暗示的方法让对方明白自己拒绝的意图。这种方法不仅可以帮他们达到回绝你的目的,还避免了你的尴尬。很多时候,这种模糊的表达让我们听了不得要领,从而无法再提出新的要求。

如果你想请朋友为你办事,热情邀请他吃饭。但是朋友帮不上忙或者不愿意帮忙,就会找出一些合理的理由拒绝你,比如,"真不巧,那天我正好要到外地出差。""我那天已经有约了。""最近工作太忙了,虽然我也很想跟你出去,但是实在抽不开身。还是过段时间我请你吧。"当朋友拒绝你的时候,他会想方设法,让你尽量不在感情上体会到他的"不"是针对某件事,而不是针对你的。让你知道虽然他拒绝了这件事,但还是接受了你的好心邀请。

4. 不想借钱给你的朋友怎么说

人们常说"越有钱越小气",越是你认为有钱的朋友越不愿意把钱借给你。不过这也是人之常情,因为他们也是好不容易才让自己的手里有了点积蓄,但是向他们借钱的人也越来越多了,如果把钱都借给了别人,那岂不是这么多年的努力都白费了。

鲁岩的家庭还算富裕,毕业后他找到了一份高薪工作,但是鲁岩的烦恼也随之而来,亲朋好友都把他当成了提款机。一位朋友毕业后一时没有找到工作，向鲁岩借了6000块钱租房子，可是对方工作一年多了，却始终没有提过要还这笔钱。鲁岩也曾多次暗示朋友，可结果依然是不了了之。

还有一次，一位亲戚的儿子要结婚，开口就要借3万，鲁岩慎重地考虑了之后，最终借了2万块钱给他。后来鲁岩催了很多遍，也没把钱要回来，和亲戚还差点成了仇人。

这些经历让鲁岩苦不堪言，以后再也不敢随便借给别人钱了。

在你借钱的时候，很多朋友都会先打听你借钱的原因。你借钱确实是因为很要紧的事，需要拿钱用来应急，这时候，但凡朋友的手中有一点余钱，他也会考虑借给你。

但是如果朋友们都知道你有不良的生活作风，借钱只是为了吃喝玩乐，或者是想要拿他们的钱去投资，那么他们十有八九会拒绝你借钱的请求。在朋友既不想借钱给你，又不愿伤害了多年的朋友情谊时，他们就会用一些巧妙的话语来暗示你。如果你不明白其中的玄机，继续苦苦纠缠，就可能会造成不必要的情感危机。

当朋友说下面的这些话的时候，就是不想借钱给你了。

（1）"要借钱是吧？那你先等一下，我算算我现在有多少钱可以借给你，这个月的工资2000元，满勤奖100元，加上以前存折上的3000元，在路上捡到的2元钱，减去买电脑4500，给父母200，不小心丢了100，话费交了200，上次请同事吃饭200……差点儿忘了，我还欠同事钱没还呢！"这些流水账一算，你还好意思再提借钱的事吗？

（2）"你来得正好，我正愁没人诉苦呢。老婆非要跟我离婚，说我连一件像样的衣服都给她买不起！""你看看我的脸，干净吧，其实我的兜里更干净！""我找了你好几天了，前几天一直联系不上你，实在是太巧了，我也正打算向你借钱呢，要不你先借给我，等我度过了这段艰难时期再把钱借给你？"

朋友这样说，就已经表明了自己也没钱可以借给你。"不想借直说，少在这里跟我哭穷。"如果你这样回复朋友的托词，借不到钱也就算了，还会让彼此心生嫌隙，何必呢？

（3）"我家里的那位实在是太小心眼儿了，不就是朋友借个钱吗？非让打欠条不说，还要人家的身份证复印件、房屋产权证、结婚证、手机号码、QQ、博客……要是材料准备不足一半,就坚决不让借钱给人家。"朋友这是在告诉你:向我借钱就等同是自找麻烦,你最好还是找别人借吧。如果你非要坚决地表示自己不怕麻烦,这些条件自己都可以接受,那只能让朋友啼笑皆非,或者转而采用其他策略了。

(4)"我现在手头就有三百块钱的零花钱,其他的钱我都去银行里存了定期了,还要过几个月才能到期,要不到时候我再借给你?""我的钱前段时间都借给张三了,他说下个月就会还的,等他把钱还给我了,我就借给你。"朋友说这样的话时,你可别真的以为等到时间他就会把钱借给你了,如果你真的需要钱,还是找其他人借吧。

(5)"我告诉你一个秘密,你可千万别告诉别人,我上初三的时候,有个同学从我这儿借过钱后,复读了三年都没考上高中,我把钱借给一个大学同学后,到现在还没娶上媳妇,去年我又把钱借给了一位朋友,结果他居然失踪了,其实我倒是不怕借钱的……"就算你明明知道这些话都是一些子虚乌有的事,但是也不要揭穿朋友,既然他不想借钱给你,你不妨也顺着他说:"真的吗?那我可真的不敢向你借钱了,我可不想年纪轻轻地就断送了美好前程啊!"

很多时候,我们不能责怪朋友小气,不肯借钱给我们,他们不想因为借钱的事而得罪你,更不愿意因为把钱借给你了就失去了你这个朋友。俗话说"有借有还,再借不难",当你向朋友朋友借钱时,他并没有爽快地说:"行!"而是表现得很犹豫,那你就要反思一下自己:是不是自己以前向朋友借钱后并没有按期偿还,或者是借多还少……

如果你想要让朋友毫不犹豫地把钱借给你,就不要创造不良记录。要让朋友对你产生"他有没有借钱不还的可能性"的印象,做一个守信用的人,这样朋友借给你钱的时候也会非常放心。

5. 同事不积极,也许你的请求不合理

同事正在加班工作,但是你明明正在和人聊天,却还是吵他喊:"帮我送份文件去楼上,我正在忙。"这时候,即使是平时看上去非常逆来顺受

的同事也会对你的行为表示不满。

但是他知道，要是直截了当地拒绝你的话，很可能会伤了彼此间的和气，但是又不想因为接受你的不合理请求而委屈了自己。他会说："好的，不过我现在手头还有些工作，一时也走不开，要不你等一会儿吧，等我忙完了再帮你送。"究竟什么时候才能忙完，谁也不能确定。这时候，你最好还是自己把文件送上去吧，否则只会落下个"四肢不勤、总是指望别人"的恶名。

冯晓雪在快要下班的时候接到了裴慕蕊的电话，裴慕蕊连撒娇带要赖地说："亲爱的，帮我写一份方案吧，客户已经催了好几次了，可是我最近实在没有时间啦，你也知道的，我经常都会有一些应酬，最近在追我的那个阿海，我觉得很不错，你帮帮我，就当是对我爱情的支持吧！改天我请你去那家日式餐馆吃饭。"

在公司里，冯晓雪和裴慕蕊的关系非常要好，裴慕蕊每天下班后就忙着去约会，但是她是一个嘴巴很甜的女人，常常把自己做不完的工作推给冯晓雪。晓雪每次都想拒绝，可是对方那可以融化人的热情，还一句一个"亲爱的"，让晓雪不知道该如何对她说"不"。

为此，晓雪翻阅了很多资料，学到不少应对的诀窍。这下刚好可以派上用场了，晓雪用和裴慕蕊一样柔和甜美的语气说："啊，亲爱的，你怎么不早告诉我呢？还真是不巧，我已经跟我的家人说好了，今天下班后要和他们一起去看望我的姑妈。要是下次再遇到这样的事，你一定要早点儿告诉我啊！"

为了下次好继续请晓雪帮忙，裴慕蕊当然不会提出任何异议了，她只好顺水推舟地说："那好吧，你记得代我向姑妈问好。"

在一个办公室里，同事间互相帮忙是很常见的事，很多同事为了能让自己有一个良好的人际关系，不会轻易拒绝你的请求，但是如果你的请求不合理，那就另当别论了。

田霜在一家民营企业做人事主管，每一个新进入公司的员工都要经过她。

公司里其他部门的一个同事知道企划部一直缺人，于是就想把自己的一位亲戚家的孩子推荐给她，但是公司的用人制度是非常严格的，田霜就让同事带着求职者来面试。结果很不理想，田霜觉得如果录用他就等于养了一个庸才，同时也会破坏公司的用人制度。这不仅不符合公司招揽真实人才的宗旨，也会影响公司长远利益的发展。

但是这位当介绍人的同事，是自己的同乡，平时关系也不错，在情面上也很难拒绝。

田霜犹豫了很久，终于下定了决心。他带着同事和求职者去了解公司企划部工作人员忙碌的情况和做事的难度，并一再暗示公司的规章制度不好违背，最后，田霜对那位同事说："公司今年刚刚转型，这一点你是知道的，咱们公司现在需要的是一些有经验的老手直接参与这一时期的工作，也没有时间去培养新人。您介绍的这位小伙子很不错，但是他学的专业却与我们不对口。如果坚持把他留在我们公司的话，不仅会让他学不到新的东西，还会荒废他原来的专业。我看不如这样吧，我平时也会多留心，如果有别的合适的单位话，再让他去试试，好吗？"

你在请求同事帮忙时，同事向你解释自己工作的权力有限，或者是告诉你他目前手头上的工作很多，一时间做不完。你就要仔细想一想，是不是自己的请求不合理，违反了公司的规章制度或是对方的工作安排已经饱和了。

比如，你要求同事在一个期限内完成他不可能在这段很短的时期内完成的任务，通常情况下，他告诉你的这种仓促行事的做法对你而言并没有什么好处，而不是直接说你的要求他不可能办到。这样以你的利益角度来说明问题，暗示你的要求并不合理。

也有一些同事，只是认真地听你的请求，也表示对你遇到的困境非常理解，但却始终没有要帮忙的样子，或许你的请求对他来说也是无能为力的，他没有直接表示拒绝，也是在顾及你的心情。

在这种情况下，你一定要学会知难而退，如果你确实需要帮助，最好还是另想他法吧。

6. 领导想拒绝你的加薪，但又不想影响你的情绪

工作了一段时间，觉得自己的水平有所提高，那点儿微薄的工资又不足以满足自己的生活需求。这时候难免会遇到一个职场的敏感词汇——加薪。

但是有时候，由于种种原因，领导并不想给你加薪，但是又不想影响你工作的积极性。所以他不会直接对你说"不"，而是用委婉的方式来表达。

在你要求领导为你加薪时，在谈话中，他先对你的工作能力做出肯定，并说他对你的印象非常好，但是接下来，他却还是向你诉说公司目前遇到的经济困境和公司的发展前景，其实，这就是领导委婉拒绝你的加薪请求的一种方式。

很多时候，领导还会把"加薪"换成其他的奖励方式，比如为你提供一些难得的培训机会，或者为你提供良好的发展空间，让你在技术、经验上得到积累。让你觉得"工作除了获得金钱外，还能获得更加有价值的东西"。这样，既激发了你的上进心、增强了你的积极性，还让你在打消"加薪"念头的同时，更加有能力为公司创造更多的财富。

当然，在很多情况下，我们还是要为了自己的切身利益，想方设法让领导同意自己的加薪请求。但是一定要注意，要求领导为你加薪时，一定要在自己有足够的能力的前提下。

要想成功说服领导为你加薪，首先要做到有理有据。要让他意识到给你加薪是一件有百利而无一害的事，甚至让他憧憬到不久就能收获滚滚财源。其次，要选择有利的时机，领导心情好的时候，更容易接受你的请求。另外，你还要了解公司的加薪时间，如果在年初没有加薪，那么在接下来的时间里努力做出理想业绩，这样到了年末就可以顺理成章地提出加薪要求了。第三，静听老板不为你加薪的理由，一味坚持应该为自己加薪的理由，结果只会适得其反。第四，可以托人"传话"，如果可以通过了解你、理解你、同情你的人，最好是你的部门经理，帮你委婉地传达你的愿

望,即使遭到拒绝,面子上也不至于太尴尬,因为你毕竟没和老板"正面交锋"。

只要你认为加薪是合理的,你就有权提出。但是在提出加薪要求时也要注意一些禁忌。否则不但达不到自己的目的,还会给领导留下一个不好的印象。

1. 刚大学毕业时

尤其是名牌大学的毕业生,很容易有优越感,认为自己应该得到更好的待遇,不要拿自己的学历当加薪的资本,那只能代表你受教育的经历。除非你具备在短时间内明显超越于其他人的价值贡献,否则切不可自以为是地提出加薪。

2. 工作业绩不够好时

没有任何一家公司会规定"时间一到,就一定涨钱"。特别是当你的工作成绩不太出色的时候,比如经常不能按时完成任务、人际关系冷漠或紧张甚至出现过重大责任过失时,都不应当以"时间"为理由提出加薪,从而进一步恶化你在老板心中的职业形象。

3. 薪资水平在业内偏高时

任何一个行业,都有它相对标准的薪资水平。如果你目前的薪金已经与这个标准持平甚至略高于这个标准,而你所在的公司又不是同行业的中的龙头老大,或者佼佼者,那么你的薪资浮动空间实际上已经非常有限了。与其强人所难提加薪,不如郑重地考虑一下跳槽,或者晋级到更高的职业层次再做打算。

4. 企业处于"不景气"状态时

一般说来,如果所处的企业正在遭遇经营危机或陷入发展瓶颈时,企业都会刻意营造一种"携手同心,共渡难关"的氛围,如果你在此时,不识时务地提出加薪,就算你的理由充分,老板也不会同意给你加薪,而且会怀疑你的职业忠诚度。

加薪是一个敏感的问题,关键在于把握时机和谈判的技巧,这不仅仅关系到你能否达到目的,甚至会影响到你以后在职场上的发展,所以一定要慎重。

7."要不您再坐会儿",其实是在下逐客令了

去朋友家做客,畅谈人生、交流心得的确是人生一大乐事。既可以舒展心情,又增加了彼此间的友谊。但是,每个人都有自己的生活轨迹,闲暇时间,或许朋友想做一些其他的事,而你却侃侃而谈,一说起来没完没了。

你这边兴致盎然,围绕一个话题越说越来劲,而朋友那边却心不在焉,勉强敷衍。直接赶你走吧,怕伤了你的自尊心,也怕伤了朋友的情谊。但是不能因为别人没说赶你走,就真的一直赖着不走吧。

周兴有一次到一位老同学家里做客,在同学家里吃完饭,又拉着同学坐在那里聊天。虽然两人也是多年不见,有很多话要说,可是刚好同学那天还有事要忙,周兴坐了很久都没有要走的意思。这让老同学不禁焦急万分,留也不是,赶也不是。思虑良久,老同学终于开口对黄兴说:"我前几天新买了几本书,我觉得非常不错,要不咱到书房坐坐吧。"黄兴听后欣然应允。坐了一会儿,同学又开口说:"要不要再去客厅坐会儿。"

这时,黄兴才意识到同学可能有其他事要忙,于是赶忙回答:"不了,不了,我也该回去了,我家离这儿远,再晚我怕赶不上回家的末班车了。"

当别人说:"要不您再坐会儿"时,其实已经是在委婉地下逐客令了,这时候正是体现我们自身素养的时候。既然别人说得如此委婉,那就是不想伤了彼此的感情,也是为了顾全我们的面子,给我们找"台阶"下。那么我们又有什么理由不"成人之美"呢?

在社交活动中,很多人都喜欢把这些拒绝的话说得很隐晦,我们必须要听懂他人委婉的拒绝。如果有人说:"我今天有空,咱们可以好好地聊一聊。不过从明天开始我就要全力以赴地工作了,争取到年底的时候评上先进。"这句话的重点并不是说你他今天有空,而是想要告诉你,从明天开始就没有时间跟你聊天了,让你"从明天开始就别再打扰我了"。

有人说:"我妻子最近身体不好,刚吃过晚饭就想睡觉,咱们能不能尽量小点儿声音说话?"尽管是用商量的语气,但是可没有要跟你商量的意思。这句话的潜台词就是:"您的高谈阔论已经影响了女主人的休息,识相的话以后还是少来光临为妙。"

如果说:"我很高兴能和你畅谈一番,虽然我正忙着要去洗热水澡。"这也是一种委婉的拒绝,意思是说:"能不能先停下您的滔滔不绝,我还得去洗澡呢。"

当然了,对于平时很熟悉、关系又很要好的人,说话可能会比较直接,有什么说什么,因为他们确信你不会对这些小事斤斤计较。但是对于初次打交道的人来说,就要特别注意别人说话时的细节了。很多时候,他们不会直接明了地表达自己真实的想法,这就需要考验你的慧眼了,如果别人已经表露出要"赶你走"的意图,你不妨更加主动一点,这样既可以继续保持和谐的气氛,又保全了双方的颜面。

当你走在街上,顺道去拜访朋友,朋友对你说:"我刚好要出去办点事儿,你看你是跟我一起去呢,还是先在家里坐一会儿?"这表示,朋友现在不想或者是不方便接待你。这时,如果你没有什么特别要紧的事,还是主动"请辞"为妙,这样才能不让双方都陷入尴尬的境地。

知道被人委婉地下了逐客令,你千万不可直接揭穿,也不要生气。既然别人只是委婉地说出来,这就说明对方还是尊重自己的。仔细想想,拒绝别人也是件不太容易的事,换作是你,可能也会觉得为难。要想拥有好的社交关系,就要学会听懂他人的逐客令,并且有风度地接受。

面对别人的逐客令,你不必觉得心灰意懒、悲愤难平。很多时候,下逐客令的人都是出于无奈,你完全不必为此丧失信心、觉得这是别人厌恶你的表现。只不过是你一时运气不佳,赶上了别人真的有事要忙的时候。

如果是因为你一时只顾自己侃侃而谈,没有顾及别人的感受,那也只需要在以后的交往中注意改正就可以了。既然对方委婉地下了逐客令,也只能表示他由于种种原因,想要尽快结束这次交谈,并不表示这会影响以后的交往。所以,你既要细心听出别人的逐客令,更要坦然、大度地去面对。

第九章
"别伤害我的面子",别人不说你也要懂的忌讳

1. 没人喜欢被你指责，就算你是好意

古人说："良药苦口，忠言逆耳。"但是古人又说："己所不欲，勿施于人。"没有人喜欢被指责和抱怨，就算是出于好意也不行。既然自己不喜欢听，那就更不要说给别人听了。

"我都跟你说过多少遍了，你怎么还是这个德行！""你这样做是不对的！""你能不能别老这么幼稚？"在生活中，这种指责并不少见，特别是在婚姻生活中，这种指责更是经常性的，不管是男人还是女人，当他们对对方不满并希望对方能做出改变时，就常常会采用指责的方式。

但是结果往往不尽如人意，因为没有人喜欢被指责。在面对指责的时候，对方通常不会考虑你为什么去指责，而是专注于你充满了不满和责备的态度和表情。所以你的指责只会让对方感觉不满和不快，不会让他们认识到自己的错误。

在人际交往中，要想批评一个人而又不伤感情，甚至得到对方的感激或者更喜欢你，赞美是最有效的方式，间接暗示对方注意自己犯的错误。这比直接的指责要高明许多倍。

查尔斯·斯科尔特在一次经过受他管理的一家钢铁厂的时候，正值中午时分，他看见几位工人正在抽烟，在他们的头上就是一块写着"禁止吸烟"的大牌子。斯科尔特走向那些人，给他们每个人都递了一根雪茄，并微笑着说："各位，如果你们可以到外面去抽这些雪茄，我会感激不尽。"工人们立刻意识到自己犯的错误，很快就把手中的烟掐灭了，从此，工人们也更加敬重斯科尔特了。

换作是你，遇到这种情况会如何处理呢？也许很多管理者会做出这样的举动：走上前去大声喝止抽烟的工人，并指着那个大牌子说："难道你们不识字吗？"

如果是你遇到了像斯科尔特这样的总经理，以送给你小礼物的形式让

你认识到自己的错误，并对你很有礼貌，让你受到尊重，你会不喜欢这样的人吗？

我们可以打个比方。假设一个团队的部门经理，在已经知道部下尽了最大努力但还是把事情办砸的前提下，尽管没有对他做太多的指责，还是忍不住要向他提出诸如"下次再不能重复上次的错误了"之类的忠告，即使你指出的问题很有道理，对方也仍然不容易接受，很有可能心里不买你的账，或许还会在心里骂道："哼，真是站着说话不腰疼，有本事你自己去试试！"显然，这样直接的、略带指责性的提议的效果是失败的。假如此时你能说"我知道你已经尽力了，事没办好我也有责任"之类安慰的话语，然后再与部下一起分析问题究竟出在哪里，相信这样部下会更容易接受，然后主动找出自己的错误。

由此可见，仅有"为别人好"的善意建议还不够，要使你的建议变成能让对方接受的忠告，就必须掌握好说话的技巧，否则就会起到反效果。在现实生活中，我们也常常会听到一种疾恶如仇、满口仁义道德的"逆耳忠言"。为了遵循"忠言逆耳利于行"的古训，我们也往往会强制自己必须虚心接受、大度采纳"逆耳忠言"。但时间一长，我们更觉得难以忍受这些"逆耳"的指责，我们甚至更加愿意听那些"甜言蜜语的"谎言。

随着科技的发展，"良药"已经不再"苦口"，那为什么不能把"忠言"也变得不"逆耳"呢？药苦一点，可以治愈身体的疾病；但是忠言主治的是人的心理病症，逆耳的忠言又很难让人接受，更别说是"治病"了。只有顺耳的"忠言"对人心里的诟病才更有治愈作用，也只有顺耳之言才更能鼓起人们发奋的斗志。

想想看：中国古代有几个君王是因为听从了逆耳的忠言而成为一代明君的？秦朝始皇还是汉代武帝？臣子是因为勇于向君王献逆耳忠言而受到重用的更是少之又少，屈原、岳飞的话君王听了吗？而向君王献逆耳忠言而丢失小命者却不少。

无数的历史事实和经验告诉我们，把"忠言"说得太"逆耳"，于人于己都没有多少好处。在人际交往中，如果想让对方听从自己的"批评指正"，一定不能用指责的话语和语气，不妨把我们原本想要指责的话语，说得更加委婉一点。在指出对方的错误和不足之前，不妨先对他已做出的成绩加以肯定和赞美。

2. 不能故意渲染和张扬对方的失误和不足

常言道："人有失足，马有失蹄。"又有谁能做到永远不犯错呢？在生活中，如果他人不小心出现了一点小失误，比如在演讲中，念了错别字，交流中记错了对方的姓名、职务等，只要不是关乎大局的过失，你不必对此大加张扬，把原本已经被人忽视了的小过失弄得人尽皆知。

很多时候，对方在意识到自己的过失的时候，就已经觉得十分尴尬了，这时，我们千万不要去再做一次"恶人"，抱着幸灾乐祸的态度来个小题大做，让他的失误变成大家的笑料。这样不仅不能有效缓和紧张的气氛，还伤了对方的自尊心，也让我们多结下一个怨敌，实在是得不偿失。

要想在社交生活中如鱼得水、游刃有余，就要多给他人"留面子"。在对方陷入尴尬境地的时候为他提供一个恰当的台阶，不仅能大大增加对方对你的好感，也为自己树立了良好的社交形象。

1953年我国政府举行的、由周恩来总理率中国政府代表团慰问驻旅大的苏军的招待宴会上，一名苏军中尉翻译总理讲话时出现了错误，我方代表团的一位同志当场做了纠正。

周总理对此感到很意外，苏联驻军司令也因为部下在这种场合的失误而大为恼火，这丢的可不仅仅是他一个人的面子。驻军司令马上走过去，要撕下那个中尉翻译的肩章和领章。

宴会厅里的气氛顿时显得非常紧张。这时，周总理站出来温和地说："两国语言要做到恰到好处地翻译是很不容易的，也可能是我讲得不够完善。"接着他又慢慢重述了刚才翻译错了的那段话，让那位中尉重新准确地翻译出来，这样，及时地为对方提供了一个"台阶"，也缓解了紧张气氛。

总理在同苏军将领、英雄模范干杯时，还特意找到中尉翻译单独与他干杯。苏驻军司令和其他将领看到这一景象都非常感动，那位翻译更是热泪盈眶。

我们之所以说在社交场合要特别注意为对方留面子，适时给对方台阶下，是因为这些场合中，每个人都展现在众人面前，因此对自己的社交形象都格外注意，这时，他们会比平时表现出更为强烈的自尊心和虚荣心，如果在这时你对他的小失误大肆渲染，让他觉得下不了台，他就会对你产生强烈的反感，严重的还会与你结下终生的怨恨。相反，如果你主动地为他提供一个合适的台阶，帮他维护了自尊心，保住了自己的面子，他就会对你加倍感激，产生更强烈的好感。

同样道理，我们在对待别人的缺陷和不足时，也不能到处宣扬。"打人不打脸，骂人不揭短。"无论一个人的出身、地位、权势、风度多么傲人，也都有别人不能言及、不能冒犯的角落，这些都是他们不愿提及的"疮疤"，也是他们在社交场合极力隐藏和回避的问题。作为一个有涵养的现代人，切不可用揭人短的方式来打击对方。

张磊有一次下班回家时关门的声音很大，妻子姜楠听见后就对他说："不想回家就别回来，别一回来就摔门。"于是，两个人就开始互相指责对方的不是，没完没了地吵起来。

心情本来就不好的姜楠见丈夫对自己有那么多不满，心想：工资没我拿得多，大部分家务也是我来做，还这样说我。于是姜楠火了，尽拣难听的话说。

"你有本事别让我们住这破房子啊！还不是你蠢，总被别的同事算计，有次被一个铁哥们给陷害了，自己却不知道，还那么积极地给人家帮忙，真怀疑你是不是长了个猪脑子！要不是我去给你们领导送礼，这房子还分不到我们头上，还好意思跟我吵。"

张磊受不了妻子这么刻薄的话，当即摔门而去。晚上11点多，张磊也没回家，姜楠后悔不该拿以前老公的糗事来刺激他，于是开始着急地打他的手机。打了好几个电话张磊都不接，于是姜楠就发短信叫他回家。

终于，晚上12点多时，张磊回来了。姜楠立即承认今天自己做得不对，不该说那些。虽然自己嘴上那么说，但真的从来没有后悔嫁给他。张磊抱了抱妻子，告诉她以后别再犯同样的错误。两人决定，不管以后再怎么吵架，也绝对不说伤害对方的话。

此后，两人虽然还是会有争吵，但不会揭对方的短。有时候，姜楠乱说话，张磊就会笑着提醒她"当心触电"，姜楠反应过来，就会马上管住自己的嘴。

夫妻双方吵架是不可避免的，但聪明的女人会掌握分寸，绝不会揭对方的短，因为她们知道"哪壶不开提哪壶"式地揭开曾经的伤痕会让争吵的强度升级。应本着一事一吵的原则，把争吵集中在当下的问题上，事情就好办多了。

在争吵时，尽量选择杀伤力小些的"武器"，多说自己的愿望想法，你的感受是什么，你觉得怎样，而不是数落对方的痛处。

3. 不要拿别人的隐私开玩笑

有时候开玩笑能够活跃气氛，化解尴尬。但是有些玩笑是开不得的，隐私更是玩笑不得。

特别关注他人的隐私似乎也是人们的一大爱好，比如那些八卦杂志或者报纸，一旦在显眼的位置出现诸如"某某情变揭秘""某某离婚内幕"等名人的隐私时，就很容易被抢购一空。在生活中也有一些人一方面喜欢打听别人的隐私，另一方面又管不住自己的嘴巴，最终成为人人讨厌的大嘴巴。

隐私指不愿告诉人或不便告诉人，和别人无关，关于自己利益的事。每个人都有自己深藏心中的几个小秘密，如果你的朋友愿意把一些秘密和你分享，那你们之间一定是非常好的知心朋友，对于朋友的秘密，即便她没有叮嘱你不要外泄，但你自己应该心知肚明这种事传出去会不会对她造成影响。所以对于别人的隐私，请一定要咽进肚子里。否则，你会损失巨大。

杨倩在公司向来与她的好朋友朱晴无话不说。一次，杨倩对朱晴说了一个她从来不曾对任何人开口的秘密，其实自己的大学学历是假的。杨倩说，由于当初自己只顾着玩儿，所以学习一塌糊涂，最后大学也没考上。

但如今没有文凭太难找工作，于是家里人就托人帮自己弄了一个假的大学文凭。朱晴听后坚决地说一定替她保守秘密。

在公司，杨倩和朱晴的能力都不错，业绩也都旗鼓相当，老板有意提拔她俩。在快到年度选任销售经理的时候，两人实力都很强。朱晴这个时候就经常开玩笑说杨倩真是聪明，就算不上大学也比自己强很多。后来公司就开始流传杨倩用"假文凭"的事情，大家对杨倩的印象大打折扣，最终销售经理的位置被朱晴夺得。

别人愿意把自己的隐私告诉你，表明是对你的信任，如果你不小心说漏了嘴，不仅自己落了个不守约定的骂名，最后连朋友都做不成了。

我们一定要善于控制自己，明白什么是应该说的，什么是不可以说的。不应说的话，无论在什么情况下，无论对什么人都不能泄露，一定要做到守口如瓶。不要让别人的隐私从自己口中传出，也不要随便说出自己的隐私，否则自己很容易受到伤害，苦果最终还得自己品尝。

晓晓在一家公司上班的时候，公司里有位男同事一直对她很照顾。后来那个男同事还找了个机会向她表白，说非常喜欢她。当时晓晓已经结了婚了，就告诉男同事说他们是不可能的。但是那位男同事坚持说自己不图别的，只要能经常关心晓晓他就已经心满意足了。后来晓晓的一个女同事发现了他对晓晓的特别关心，由于她平时跟晓晓的关系还不错，就好奇地问是怎么回事，晓晓当时也没多想就告诉了她实情。

没过多久，晓晓因为工作上的事情和女同事闹僵了，这位女同事为了达到个人的一些目的，也为了泄愤，就拿当初晓晓向她透露的情感秘密冷嘲热讽，还经常开玩笑说，看人家多痴情啊，晓晓不如干脆离婚跟了他算了。最终逼得那位男同事不得不选择离开公司，晓晓也为此内疚了很长时间，因此跟那位女同事结下了永久的怨恨。

每个人都有自己的小秘密，或许是一次不幸的遭遇，或许是一段不堪回首的经历，或许是自己情感世界的动荡变化，也或许是自己做过的一件不太光彩的事，又或者是不想让人知道的某种缺陷等，如果朋友告诉你这些，是对你的信任。如果你把这些拿出来开玩笑，那于人于己都没有任何好处。

小雨性格开朗活泼，平时爱说爱笑。在一次朋友聚会上，她遇到了大学时期十分要好的同学小张，因为知道小张是个秃头，上学的时候就经常戴假发，当得知他最近高升了，小雨玩笑道："你小子可真行啊，原来人们常说的'热闹的马路不长草，聪明的脑袋不长毛'还真不假。"说得大家哄堂大笑，小张立即涨红了脸，回道："你的脑袋才不长毛呢！"说完就愤然离去了。

在社交中，我们一定要管好自己的嘴，把好口风，哪些话可信、哪些话能说，哪些话不可信、不能说，都要在脑子里多绕几个弯儿，不要中了小人的圈套。有些隐私，特别是情感上的隐私更不能对别人说，否则很有可能会给自己和别人带来不可避免的伤害。所以，在"吐露心声"之前，一定要先考虑一下自己的言论是否会自己带来伤害，对那些不该说的话就要咽进肚子里，以免造成巨大的损失。

4. 坚决不说风凉话

"一个国家有五分之一的人是什么都反对，既提不出自己的观点，也不出来战斗，只会闷在家里说风凉话，这样是不好的。"这是林肯的一句名言。在生活中我们难免会遇到这样的人，他们舌如利剑，不管你做什么都要在旁边说上几句酸溜溜的风凉话，好像一天不嘲笑你心里就不舒服。这种人从来不管"心直口快"带来的不良后果，也从来不考虑别人的感受。

说风凉话，归根结底还是妒忌心在作祟。爱说风凉话的人，在别人买了一件称心如意的衣服时，他会在旁边酸溜溜地说："穿起来真像个农夫"；在别人得到上司的赞扬时，他们会说："人家平常就知道巴结领导，没事就往老总办公室跑，能不招人喜欢吗？"偶尔看到某个同事在餐馆里吃饭，就说："哎呀，这人一有钱啊，生活也过得舒服多了"……如果我们是那个被挖苦的人，听到这样的风凉话，也会觉得如鲠在喉，但是有碍于情面不好发作。

爱说风凉话的人，在人际交往中往往会不知不觉地得罪很多人，人际关系一定不会好到哪里去。所以，聪明的你一定不要养成爱说风凉话的毛病。

江宁最大的特点就是嘴巴不饶人，一天，小西让江宁陪她去相亲，江宁对小西说："就你这样还敢去相亲，你就不怕一见面就把人家吓跑了啊？"小西知道她是在开玩笑，也就没放在心上。

到达目的地，与男方见面后，一开始双方聊得都很开心。江宁也开始毫无顾忌地开着玩笑，"你呀，别怪我说你，就你这肤色，堪跟黑人相比，上次你还说去用激光将脸上的雀斑祛掉，其实没关系了，根本就看不出来的。"现场气氛显得非常尴尬，最后男方找借口提前离开了。

小西对此非常气愤，可是江宁依然继续开玩笑地对小西说："结果不是早就在预料之中吗，有什么好伤心的！换成我，我也不愿意选你啊，皮肤黑不说，还整天就知道吃，把自己养得都跟猪一样胖了……"

伤心的小西再也忍无可忍，大声对江宁吼道："我没有你这样的朋友，从此以后我们谁也不认识谁。"江宁当场呆在那里，她不明白自己究竟哪里做错了。

人在伤心的时候最想要听到的是他人的安慰和鼓励，如果你在这个时候还要说上几句风凉话，无异于雪上加霜。同样地，人在取得成绩的时候希望得到肯定和赞扬，如果你对志得意满的人毫不留情地说许多风凉话，打击他的积极性，无疑是给人泼凉水。无论什么时候，说风凉话都对人际关系的建立或维系没有任何好处。

有些人认为，说风凉话不过是一种无伤大雅的小事，但也正是这种无伤大雅的口头陋习，对人际关系的损害是巨大的。说风凉话可以恶化朋友之情、淡漠师生之情，影响了父子之情，伤害了手足之情，破坏了夫妻之情……如果你满腹牢骚，风凉话不断，会让你的朋友和亲人失去对你的信任，同事也会远离你。试问有谁愿意和一个说话总是冷飕飕，一开口便让人觉得不舒服的人交往呢？

相信不少人也都尝过被人说风凉话的滋味，他们在一旁津津乐道，自己心里难受无比，却只能生闷气。对不如自己的人，在他们做错事，或失败时说风凉话，就等同于落井下石；对比自己好的人，说风凉话无疑会更加彰显自己的无知和妒忌。

因此，如果想要巩固朋友之间的友谊、处理好同事间的关系，就要时刻管好自己的嘴巴，坚决不要说风凉话，必要时不妨把风凉话改成赞美或鼓励，相信谁都喜欢和这样的人交往。

不说风凉话也是一种宽容、豁达和睿智的表现。正视他人的不足和失误，也正视他人的成绩和优点，并作为自己人生的参考，多学习别人优点的同时也尽量避免和别人犯同样的错误。

5. 不要轻易揭别人的"老底儿"

"老底儿"就是指缺点和不足、曾经的尴尬、旧痛伤疤、短处、别人不愿意谈及的话题等。无论是对待家人还是朋友，揭老底儿都会严重影响沟通，甚至会相互伤害。

几乎没有人希望别人提及自己的隐私、痛处、禁忌，当别人提及这些并大做文章时，相信谁心里都不会舒服。对任何人来说，被击中痛处都不是一件令人愉快的事。无论是什么人，只要你触及了他的伤疤，他都会采取一定的方法进行反击。所以对于他人做错的事，或者是他身上的缺陷，要持一种宽容的态度，千万不能用言语加以攻击。

无论一个人的出身、地位、权势、风度多么傲人，也都有别人不能言及、不能冒犯的角落，这些都是他们不愿提及的"疮疤"，也是他们在社交场合极力隐藏和回避的问题。故意揭短是攻击、敌视对方的武器，无意揭短是因为某种原因一不小心触犯了对方的忌讳。不管你有心也好，无意也罢，在待人处世中揭人之短都会让对方觉得不好受，轻则影响双方的感情，重则导致友情的毁灭。

杨岳身材矮小，他还曾经因为这个原因而错失进入省体育队进修的机会，所以他平时很反感别人提及这些。因为对他而言，身高是自己的缺点和劣势，也是自己的旧伤。杨岳有一个朋友叫齐凯，身材魁梧、强壮，经常为此感到自豪，特别是与杨岳走在一起时，更是感觉很有优越感。

在一次好友聚会上，齐凯跟大家闲聊时扯到了身高方面的话题，伴着酒兴，他越说越兴奋，越说越直白。说自己的身高是很多女孩子追求他的一大理由，他还举例说一个追求他的女孩表示："男人太矮小显得先天不足，没有气质，很难激发女性的兴趣。"

在场的好友听到这里，都很自觉地停止哄笑，还咳嗽示意齐凯打住，但是齐凯根本没有意识到朋友的提醒，还继续聊着，最后还把杨岳的矮小身材当起玩笑话题。杨岳更是脸色苍白，对齐凯怒目而视。之后，杨岳每次见到齐凯，都会不自觉地用一种憎恶的眼光看他。

被击中痛处，对任何人来说，都不是一件令人愉快的事。与朋友相处，我们应该尽量做到知己知彼，了解对方的长处和短处，以及对方的忌讳所在。如果你一时不知对方的忌讳是什么，说话就要谨慎。

社会上有一种人，总是把别人的是非夸大，逢人就说，并且编得有声有色，由此也引发了不少的悲剧。比如，有一位女士为了显示自己在家里的优越性，在和邻居、朋友聊天时常常会这样说自己的丈夫："别看他天天在外人面前有模有样的，在家里我让他学猪叫，他绝对不敢学羊叫！"丈夫知道后，立即强硬地要求要跟她离婚。

在人际交往中，每个人都有一根敏感神经，如果你想得到对方的好感，就应该多提对方的优点，而绝不是提及对方的缺点，揭穿对方的旧伤。在与熟悉的人接触时，要多夸他的长处，好汉愿提当年勇。千万不要拿对方不光彩的事做文章，因为那等于在对方的伤口上撒盐，是让人难以忍受的。

有时候，即使我们是为了安慰朋友，也要注意，不要把朋友的伤疤说出来。比如说你的一位好朋友失恋了，你想要安慰他，结果自作聪明地说："他一直就是在骗你，难道你还不知道吗？当初信誓旦旦说爱你那都是假的！"或者："我早就看出来他不是什么好东西了！"这也无疑是在揭人家的伤疤，你这么说无意中也是火上浇油，只会让对方感到更加伤心。其实，这种时候，最合适的安慰方式，就是帮他一起找些快乐的事情做，让对方在做事的过程中逐渐忘记痛苦。

很多人喜欢拿别人的短处来开玩笑，认为那样可能会调动聊天气氛，其实那样很容易伤害对方的感情。即使对方当面不表示什么，心里也肯定会觉得不舒服。揭他人伤疤，会让对方勾起一段不愉快的回忆，继而让对方感到寒心，寒心的不光是因为旧痛，更因为他不喜欢别人纠缠自己的曾经。

所以，我们要杜绝自己揭人疮疤的行为，除了知晓利害关系，提高自控能力外，还须完善自己的人格修养。当你在多管齐下的努力后，相信你会多考虑对方的内心感受，从而杜绝揭穿对方"老底儿"，让你的人际关系更加和谐。

6. 反驳的理由再充分，也不可咄咄逼人

很多人一旦有意或者无意中陷身于争斗的旋涡，便会不由自主地焦躁起来，一方面为了利益，另一方面为了面子，得理不饶人，咄咄逼人地要与对方争个高低，非得对方鸣金收兵或竖白旗投降不可。

但是，每个人都渴望被理解，尤其是犯了错的人。如果他已经认识到了自己的错误，你仍然得理不饶人，那么也许就会使他原来的负罪感转化为对你的不满，甚至破罐破摔。而如果你把对他的责备换成一句宽慰理解的话，那么他会化自责为奋进的力量。因此，在人际交往的过程中，即使你反驳对方的理由再充分，也不要咄咄逼人。

学会"得饶人处且饶人"，给对方留点面子和立足之地，让他有个台阶可以下。虽然这些都是说起来容易做起来难，但是如果能做到，你将会给自己带来不可预估的好处。

某公司有一位主管，每当发现有人生产态度欠佳，或者是生产过程中出了什么差错时，他会在下班后，把那人叫到办公室，然后亲切地问他："最近你家里还好吧？在我的印象里，你一直都是严守纪律、工作热情高而且技术不错的人，把工作交给你，我很放心，希望你能再接再厉。"他一这样说，那位职员早已是羞红了脸，非常诚恳地跟主管交代原因并道歉，

以后再也没有出现过类似的毛病。由于成功地运用了这种策略，主管把他自己负责的车间管理得秩序井然，工人们严守纪律，自愿为公司效劳。

很多时候，话没有必要一定要说破。委婉含蓄地表达，不仅容易让人接受，更能深入人心。话说在明处，意藏在暗处，犹如春风袭人，人人都爱听。委婉式批评也称间接批评。一般采用间接的方法，声东击西，让被批评者有一个思考的余地，其特点是不伤被批评者的自尊心。

斯坦丁是美国著名的试飞驾驶员，他在空中表演的特技，令人叹为观止。一次，他从圣迭戈表演完毕，准备飞回洛杉矶。可是，在距地面九十多米高的空中，刚好有两个引擎同时失灵，幸亏他反应灵敏，技术高超，飞机才奇迹般地着陆。

斯坦丁紧急着陆之后，第一件事就是检查飞机用油。正如他所预料的，他驾驶的那架螺旋桨飞机，装的却是喷气机用油。

斯坦丁立即找到了那位负责保养的机械工。年轻的机械工早已痛苦不堪，一见斯坦丁，更吓得直哭。因为他的过失险些送了3个人的性命。

然而，这时斯坦丁不仅没有对着机械工大发雷霆，反而伸出手臂，抱住机械工的肩膀，宽慰他说："为了证明你能干得好，我想请你明天帮我的F系列战斗机做维修工作。"

从此，斯坦丁的F系列战斗机再也没出过差错，那位马马虎虎的机械工也变得兢兢业业，一丝不苟。

当对方知道自己出现失误的时候肯定自知理亏，你敞开气量，放他一条生路，他就会对你心存感激，假如你以后有倚仗他的地方，相信他也会义不容辞地帮你，就算不这样，他也不太可能再度与你为敌。同样，如果你对别人的一点点错误都咄咄逼人，得理不饶人，不但会伤害对方，有时候还会连带伤害他的家人，甚至毁了对方的一生。

发现别人犯了错，不会说话的人会毫无顾忌地说："你错了。"而聪明人则懂得给人留面子，懂得批评的目的是为了让别人认识并改正自己的错误，而不是要制服别人或把别人一棍子打死，更不是为拿别人出气或显示自己的威风。

会说话的人懂得有过失的人的心理，往往能在别人出现过失时，出人意料地说出宽慰别人、温暖别人的话，使有过失的人恢复自信和自尊。这样做的效果，是一万句责备的话也抵不上的。

如果以咄咄逼人的架势揪住别人的缺点或错误不放，会给我们树立一种缺乏度量、不讲道理的负面形象，情节严重的还有可能引发公愤，让我们沦为人际交往中的"孤家寡人"。

所以，即使是指责别人，也应该是点到即止，只要能指出问题的所在，就不要过分严厉。言辞苛刻总是最扎人心的，到时候得罪了人还达不到批评、改正的目的，岂不是后悔不已。我们要学着在批评里加点含蓄和鼓励的话语，在充分保护对方自尊的基础上达到最好的效果。

7. 失意人面前不谈得意事

古人说"木秀于林，风必摧之"，这就告诉我们在众人里太过出风头，会容易遭到外部势力的首先发难。

我们在获得成功的时候，总希望与他人分享自己的喜悦。想与他人分享自己的成功本无可厚非，有时候我们的分享也确实能给他人带来喜悦，不过，在我们谈论自己成功的时候，一定要注意分清场合和对象。不要在失意者面前谈论自己的成功，因为在他听来，你的话也许是对他一种言语上的侮辱。常言道：敬人者，人恒敬之。失意时要尊重别人，得意时就更要学会尊重他人了。

在人际交往中，有些人总是喜欢夸耀自己，他们认为自己的学识高人一等。每遇亲朋好友，就迫不及待地大肆吹嘘自己的心得、经验，却不知这样常令一旁的好友不知所措。

这天，老徐约了几个老朋友来家里吃饭，想借着热闹的气氛，让目前正陷于情绪低潮的岳阳心情好一点。

不久前，岳阳因经营不善，不得已将公司关闭，妻子也因为不堪现在的生活压力，正与他谈离婚的事，内忧外患，他现在非常苦恼。

来吃饭的朋友都知道岳阳目前的遭遇，因此大家都避免去谈与事业有关的事，可是，其中一位因为最近赚了很多钱，酒一下肚，就忍不住开始谈他的赚钱本领和花钱功夫，那种得意的神情，老徐看了都有些不舒服。正处于失意中的岳阳低头不语，脸色非常难看，一会儿去上厕所，一会儿去洗脸，最后实在忍不住，就推说自己还有其他事提前离开了。

老徐送他到楼下的时候，他很生气地说："老郭会赚钱也不必在我面前说嘛！"

老徐此时非常了解他的心情，因为在以前他也经历过事业的低潮，正风光的亲戚在他面前炫耀他的薪水、高档的房子、名贵的汽车，那种感受，就如同把针一支支插在他心上那般，说有多难过就有多难过！

因此在人际交往中一定要注意，你可以在演说的公开场合、在你的员工面前谈论你的得意，享受他们投给你钦佩的目光，但是千万不要对失意的人谈，因为失意的人很脆弱，也最多心，你的自我夸耀在他听来充满了对他的讽刺与嘲弄，觉得你是"看不起"他。

举个例子来说，一个擅长做事的人，看到不会做事的人，很可能会揶揄他一番："你的脑子不够用吗？"这话必定不会让他感到愉快。所以，每逢开口说话，不管是什么内容，都要注意别让别人产生自己被比下去的感觉。

当然也有些人不会在乎，你说你的，他听他的，但这么豪放的人不太多。因此你所谈论的得意，对大部分失意的人来说是一种伤害。

一个人不管有多优秀，都不能清高自傲，要学会审时度势，懂得尊敬他人，在失意人的面前，千万不要炫耀自己的得意。没有任何一个失意的人会愿意听到你的炫耀，一个聪明的人不会把自己的得意放在嘴上，更不会把它当作炫耀的资本，而是放在心里。想要在社会上占有一席之地，就要学会虚怀若谷地与他人相处。

从人际关系的角度出发，也不能在失意者面前谈论你的得意。就算当场并没有正失意的人，但境况不如你的人总是存在的，这时候，你的得意依然有可能引起他们的反感。所以，当你处于春风得意的顺境时，在与人交谈的过程中一定要考虑到对方的心情，以免无意中伤害了别人的自尊心。

越自夸，就越容易成为讨厌虫！智者曾说："不要在一个不打高尔夫球的人面前，谈论有关高尔夫球的话题。"那不会让你显得博学，反而会让你显得更加无知。同样道理，也不要在失意者面前讨论你的得意，即便你说者无意，也难免听者有心，认为你是在自我夸耀，无视他的存在或鄙视他的无知，从此忌恨于你。

失意者对你的怀恨不会立即显现出来，但他会通过各种方式来泄恨，例如说你坏话、扯你后腿、故意与你为敌，主要目的是看你得意到几时，而最明显的则是疏远你，避免和你碰面，以免再见到你，于是你不知不觉就失去了一个朋友。

不管失意者所采取的泄恨手段对你造成多大的损失，至少这是你人际关系上的危机，对你绝对是没有好处的。所以，当你有了得意事，不管是升了官、发了财，或是一切顺利，切忌在正失意的人面前谈论。

8. 如何拒绝请求，又不伤对方面子

在人际交往中，除了上司的要求，同事、亲朋好友甚至是陌生人也常常会向我们提出一些请求。面对这些请求，如果我们直来直去地拒绝，会让对方觉得你根本没有考虑到他的面子，进而会认为你根本不看重他，从而对你不满，你很可能因此而多了一个敌人。

如果我们对对方的请求感觉无能为力，也不必要直接严词拒绝，不妨把实际的难处说出来，让对方知道你拒绝他的原因是什么，他一定会因此理解你的。委婉地讲出自己的难处，让对方自动放弃原来提出的请求，同时也减少了对方遭到拒绝后的不快。

有些有求于人的人，不好意思直接开口，而是喜欢用暗示来投石问路。这时候，你最好也用暗示的方式来拒绝。

姜明在城里买了房子，有一天，两个打工的老乡来找他，姜明就留他们一起吃饭，席间，两位老乡不停地诉说打工的艰难，一再说租房没有合适的，住酒店又住不起，看来他们是想在姜明家里借宿。

姜明听到两位老乡的暗示后，接过话头说："说的也是啊，这里不比咱们乡下，这儿是寸土寸金啊，住房可紧了。你们看我，这么两间小房子，却住着三代人。我那上高中的儿子，晚上也只能睡沙发。本来你们大老远地来看我，我也想留你们在这里好好住几天，大家也好畅谈一番，可是我这儿地方实在是有点儿太小了！"两位老乡听了姜明说的话，吃完饭后就非常知趣地走开了。

别人来请你帮忙办事，就是相信以你的能力可以解决这个问题，对你抱着期望才会来找你。如果你在拒绝的时候，大肆宣扬自己的长处，或过分夸耀自己，就会在无意中抬高了对方的期望，增大拒绝的难度。只有多讲自己的短处和能力不及的方面，降低对方期望，才能更容易为你的拒绝找到台阶。

在遇到亲戚朋友委托你办事而你无法办到的时候，要讲清道理，厘清利害关系，明确地加以拒绝。这样，朋友会理解你，大家以后也不会"麻烦"你了。如果多讲自己的短处，再抓住适当的机会多讲别人的长处，就能把对方求助的目标自然地转移过去。

有时候，当对方提出的请求不合理，或者你无法办到时，不必当场拒绝，你可以说："让我再考虑一下，之后再答复你。"这样，即使你赢得了考虑如何答复的时间，也会使对方认为你是很认真对待这个请求的。

小周夫妇两人下岗后，利用政府的优惠贷款开了一家土杂日用品商店，两人起早摸黑把这个商店办得红红火火，收入颇丰，生活也慢慢有了起色。

小周的舅舅是个游手好闲的赌棍，经常拿钱出去赌博，有一段时间，他的手气不好，把自己的钱输了个精光，但他非常不服气，一直想着扳回本钱，于是他打定了主意把眼睛瞄准了小周的店铺。

有一天，这位舅舅来到了店里对小张说："我最近想买辆摩托车，但是手头的钱不太够，你看能不能先借给我五千块钱，过段时间就还。"小周听到舅舅说的模糊语言，他也了解舅舅的嗜好，如果把钱借给他，无疑是肉包子打狗。何况现在自己店里用钱也紧，小周就敷衍着说："好！不过得再过一段时间，我在银行里的贷款要到期了，银行的钱可是拖不起的。

等我有钱把银行到期的支付了，就给你。"舅舅听小周这么说，也无可奈何，只好知趣地走了。

过一段时间不是确指，到时借不借再说，这样的拒绝也不容易让对方心生怨恨。把事情巧妙地一带而过比正面拒绝有效又不伤和气，这样能把对方当初急迫的气焰降低。

某单位一名职工找到车间主任要求调换工种。车间主任心里明白调不了，但他没有马上回答说："不可能。"而是说："这个问题涉及好几个人，我个人决定不了。我把你的要求带上去，让厂部讨论一下，过几天答复你，好吗？"这样回答可让对方明白：调工种不是一件简单的事，存在着两种可能，使对方在思想上有所准备，这比当场回绝效果要好得多。

在社会交往中，有些直截了当的拒绝的话，很难说出口，然而，有时候又不得不拒绝对方，这就要求人们需要掌握一种技巧，把你的意图委婉地表达出来。

当别人请你帮忙做的事在你的能力范围之外，千万不要马上表示不可接受，而应先谢谢他对你的信任和看重，并表示很乐意为他效劳，最后再含蓄地说明自己爱莫能助的原因。这样，彼此都可以接受，不至于把事情弄得不愉快。

第十章
沟通中如何掌控难缠的人

1. 如何应对爱挑剔的人

在人际交往中,我们难免会碰到一些不易相处的人,他们常说别人的坏话、莫名其妙发脾气,对别人的行为总是看不顺眼、说三道四。不管是在工作中还是生活中,爱挑剔的人都是比较难以相处的。

在职场中,这种现象更为常见,这些人总是拿别人的缺点和不足说事儿,甚至有时候"鸡蛋里挑骨头",再完美的事物也会被他们挑出许多毛病的来。他们这样做,不仅会破坏自己的心情和工作状态,对他人的身心健康和私人生活也有影响。

如果我们遇到爱挑剔的同事或客户,就要想办法摆脱他们的负面影响,一定要保持平和的心态,同时适当改变自己的行为方式,尽量让对方无可挑剔。

周婷是一家航空公司的空姐,在工作中经常会遇到一些比较难缠的乘客。有一次,飞机要起飞的时候,一位乘客请求周婷给他倒一杯水吃药。周婷很有礼貌地告诉他:"为了您的安全考虑,请您稍等片刻,等飞机平稳飞行后,我会立刻把水给您送过来,好吗先生?"

十多分钟过去了,飞机早已进入了平稳飞行状态。由于太忙,她忘记要去给那位乘客倒水了的事情了,这时,乘客服务铃急促地响了起来,周婷来到客舱,看见按响服务铃的乘客时,猛然想起来:刚才正是这位乘客请她倒水的,这下可糟了!她赶紧把水送到那位乘客跟前,并满怀歉意地微笑道:"实在对不起,先生,由于我的疏忽,延误了您吃药的时间,我感到非常抱歉。"

那位乘客不肯接受周婷的道歉,非常生气地大声道:"有你这样服务的吗?我坐过那么多次飞机,从来没有见过你这么差的服务态度。"并拒绝了周婷的服务。无论周婷怎么解释和道歉,这位乘客都始终不肯原谅她的疏忽。

为了补偿自己的过失,在接下来的飞行途中,周婷每次去客舱给乘客服务时，都要特意走到那位乘客面前，微笑地询问他是否需要什么帮助。然而那位乘客却因为余怒未消，并不理会周婷。

后来，那位乘客要求写留言，周婷虽然感到委屈和无奈，但毕竟是自己疏忽在前，所以她还是面带微笑地把留言本递给了他，并有礼貌地说："先生，请允许我再次向您表示我诚挚的歉意，无论你提出什么意见，我都将欣然接受！"

事后，在开小组会议时，周婷不但没有受到批评，反而被领导大大赞扬了一番。原来，那位乘客写的不是投诉，而是对她服务态度的肯定和赞扬！

真诚的道歉和微笑是征服人心的有力武器。周婷正是用自己的真诚打动了乘客，让他把投诉改为了表扬。假如你是故事中的周婷，面对挑剔的人时，你会怎么应对？是否也能把事情处理得像她么么好呢？在和挑剔的人共事的时候，如果自己有错，那么就表示真诚的歉意，并立即改正。

挑剔的人的动机无非有两种类型：一种是要求太高，事事都追求完美；另外一种是小心眼的故意找碴，这种人在生活中往往也很小气。所以当你遇到苛刻的同事或上司时，不妨先考察一下，他的挑剔背后的动机是属于哪一种。

如果你的领导是因为要求过高而不断指出你的不足，这时你不妨欣然接受对方的批评和建议，把他当作鞭策自己成长和进步的"贵人"。如果他的要求你实在无法达到，也可以适当表达自己的感受，例如："您太高估我们的能力了，这个标准我们都达不到。"提醒对方别总是追求完美。

如果你的同事是因为自己的小气而对你挑剔，你不妨多多虚心地向对方请教。"以子之矛攻子之盾"，如果你按照他说的去做事，想必他不会再有理由从里边挑毛病了吧。

2. 有人与你争辩，让他赢

一般人都认为"理不辩不明"，可是在现实生活中，我们常常能发现，

155

人们很多时候都不是为了明理而争辩，而是为了许许多多其他的目的而辩，所以这样的争辩完全没有参与的必要。

曾经有位哲人说过："用争夺的方法，你永远得不到满足，但用让步的方法，你可能得到比你期望的更多。"避免争论能得到争论的最大利益。因为你越是强加辩论或者反对，就越会容易激发别人的逆反心理。或许你有获得胜利的机会，但却再也得不到对方的好感。

"服务员！你过来！"在素雅的餐厅中，一位顾客高声喊着，并且愤怒地指着杯子说，"看看！你们的牛奶是坏的，把我一杯红茶都糟蹋了！"服务员笑道："真对不起！我立刻给您换一杯。"

新红茶很快就准备好了，碟边放着新鲜的柠檬和牛乳。服务员轻轻放在顾客面前，又温柔地说："我是不是能建议您，如果放柠檬，就不要加牛奶，因为有时候柠檬酸会造成牛奶结块。"顾客的脸一下子红了，匆匆喝完茶，走了出去。

有人笑问服务员："明明是他孤陋寡闻，为什么不和他辩解呢？他那么粗鲁地叫你，你为什么不还他一点颜色？""正因为他粗鲁，所以不用争论；正因为道理一说就明白，所以用不着大声。"服务员说，"理不直的人，常用气壮来压人。理直的人，要用气和来交朋友。"

大家都点头称赞，对这餐馆增加了许多好感。后来他们常看到，那位曾经粗鲁的客人，和颜悦色、轻声细气地与服务员寒暄。

爱争辩的人们一定要自己衡量一下，你宁愿要一种字面上的、表面上的胜利，还是让对方心服口服？有时候，你在争辩里赢得了一场表面的胜利，但却因此丢掉了一个朋友，甚至树立了一个敌人，实在是得不偿失。

有些人性格暴躁，当别人与自己争辩的时候，总是忍不住反驳，结果弄个两败俱伤的下场。其实，有效避免争论的最好办法，就是让对方赢。就像两千年前一位哲人说的："尽快同意反对你的人。"巧妙地把事情做得妥帖，而不与人争辩，才是高手。

很多时候，有些争辩是完全没有必要的，也许你成为最终的胜利者，也许别人不再反驳你，但对方不一定心悦诚服，你的话说不定还伤了两人之间的和气。所以聪明人绝对不会和别人硬碰硬，而是懂得用理智的说服代替争辩。

一位顾客由于批发商送货太迟而向推销员大发脾气："你们这时候才把货送来。还想收钱？我的很多老主顾都因为买不到货而到别人家去了，你们知不知道这使我亏了多少钱？"

聪明的推销员一看对方发火，并没有急于为自己辩解。而是立即向对方道歉，并且说："真对不起，这次确实是我们的货送得太慢了，难怪您会生气，换成我也会发火，我能体会你现在的心情。"

停顿了一会儿，见对方脸色有所缓和、怒气稍微消退后，这位聪明的推销员这才接着向他说明："这一次货送迟了，是因为制造商那边临时出了点事故，一时赶不出货。不过，我保证，这是很特殊的，这种事情以后不会再发生了。您知道，之前我们从来没有延误过货期。"

那位先生仔细一想，发觉以前对方每次都是按期送货，这次的迟延确实是他们合作以来的第一次，因此对于刚才发那么大的火，也开始感到有点不好意思了。

在生活中，别人愤怒时你与其争论，只会更加激怒对方，让问题越来越严重，这个时候你需要极大的克制力让自己冷静下来。所以不争论不辩解，用智慧和理性来面对对方，才能加速问题的解决。

如果我们面对别人的愤怒，选择冷静，我们就可以避免争论，以免引起严重的后果。忍让和宽容不是懦怯胆小，而是一种风度，是关怀体谅，是建立人与人之间良好关系的法宝。除此之外，我们还可以采用动之以情、晓之以理的方式，使被说服者如坐春风，不断点头说"是"。而不是语气中充满火药味，使人如坐针毡，这样只会引起别人强烈的不满。

3. 别人嫉妒你，怎么化解最巧妙

"枪打出头鸟""树大招风"，我们有时会因运气好、赚了钱、升了职、被嘉奖等，而遭遇的别人嫉妒。

在职场中，有些人会嫉妒那些跟自己资历不多甚至是不如自己，但是却收入比自己多、职位比自己高的人。所以他们就在背后说被嫉妒者的坏话、打小报告、联合其他同事一起孤立对方等，以此来疏解自己的不平衡心理。

当你碰到像这样嫉妒你的同事的时候，如果仅仅采取不理不睬的态度，就会让事情变得越来越糟糕。在同一间办公室里，大家低头不见抬头见，难免还是要和这种人接触共事。所以，最聪明的做法就是用你的智慧化解"敌意"。

杨柳自从进了现在这家公司后，就一直被同部门的两个女同事排斥。每天上下班，杨柳都会向她们微笑、打招呼，但她们总是面无表情，装作没看见。每每这个时候，杨柳的微笑就一下子黏在了脸上，别提多尴尬了。平时，她们也不和杨柳讲话，有时杨柳凑过去想和她们一起聊天，她们像商量好的一样，马上闭上嘴巴，各做各的事情去了，丢下杨柳傻傻地站在一边。

在这种环境下工作，杨柳的郁闷可想而知。后来，她迂回曲折地从其他同事那里听到一点风声：杨柳虽然初来公司，但工资却比这两个女同事高出一大截，所以引来了她们的忌恨。

杨柳对现在的工作非常满意，不仅轻松，工资待遇也很称心。她不想因为同事关系不和就牺牲了工作，可心头的烦恼却一天胜过一天。

杨柳苦寻解决之道，她觉得，如果她先与一个人接近，要比同时面对两人难度小。于是杨柳总是找机会和其中一个比较好说话的人搭话，经常赞美她的服饰、气色，聊聊家常；另一个就只打招呼，少说话。时间长了，她们的阵营居然真的被分化了，杨柳成功地改变了自己被排斥的局面。

嫉妒是一种很危险的情绪，它能致使嫉妒的一方去做一些不理性的事情，如果你因某些事遭到同事嫉妒，绝不是一件好事，轻则被孤立、排挤，严重的还会受到攻击。所以，一旦发现了同事因嫉妒而表现出敌意，就想方设法地化解，切忌和对方产生冲突。

对于职场中的嫉妒的敌意，你不必急着表达自己不满的情绪。要先冷静下来，思考一下别人的嫉妒到底是出于什么原因，这样才可以对症下药、化解矛盾。就算你觉得自己确实比他们各方面强，也不可以目中无人，而是要真诚以待，注意和同事领导多沟通交流，互相理解，互相帮助，用宽容大度化解他们的嫉妒之心。

一个脸上总是冷冰冰的人总是不受人待见，相反，如果你总是热情洋溢，主动和不喜欢你的人打招呼、说话，时间长了他们会认为你是个值得相处的人，从而化解了对你的敌意。

当然，很多时候，嫉妒你的人都是些小人。职场上的小人如同杀伤力很大的地雷一样，如果一不小心踩了上去，你苦心经营的成功梦会被炸得粉碎。

通常，小人要比一般的人更加敏感，他们的心理也较为自卑，因此你不要在言语上刺激他们，有事没事多多赞美他们。比如，你看到某个经常对你的成绩表示不满的同事在操场打篮球，你可以毫不吝啬地表扬他几句："某某，你的身手好矫健啊，我第一次看到你打篮球，下次公司举办篮球比赛你可要参加呀，为我们部门赢一份荣誉回来。"

同时也不可在利益上得罪他，如果有些无关紧要的小利益，你宁可让给他。也不要为了正义感而去揭发他，那样只会害了你自己！

尽量表现得让对方觉得你非常需要他们，这一点是很重要的，它能在很大程度上调起对方的积极性。比如，你经常找他们请教问题："某某，今天王总交给我的任务，能请你帮忙吗？""某某，我们都知道你在咱们公司的实力，有些问题我想请教你一下。"当然，你是否真的需要，那是另外一回事。我们的想法是利用这样的一种接纳，抬高对方的自尊，对方一高兴，就可以避免激化你们之间的矛盾，尽可能减少或消除将来的怨恨。

一般人崇拜那些比自己优秀很多的人，却嫉妒那些比自己只优秀一点点的人。所以说要想化解他人的嫉妒，还可以不断丰富自身的知识体系，不断提高修养，完善自己。开阔自己的心胸，培养豁达的人生态度，当你的自身的能力和修养都达到了一个新的高度时，别人的嫉妒往往也会随着转化为敬佩、爱戴和崇拜。

4. 不慌不忙应对别人的刁难、挑衅

在社交场所中，有时候会遇到他人有意的刁难和挑衅，这常常会成为我们心中的刺痛，让我们觉得自己的品德遭到了巨大的污辱，而且一想起来就感到愤慨难平。在这种情况下，如果我们悲观地抵挡，甚至是惭愧得无言以对，自己心里难受不说，反而成全了那些别有用心的人的阴谋。

因此，在面对别人的刁难和挑衅时，我们必须要不急不躁，充分发挥自己的智慧，因地制宜地巧妙还击，这样才能让我们从根本上走出别人不良言论的影响，同时使为难烟消云散。

我们敬爱的周恩来总理就很善于在外交中运用机智幽默的语言，化解那些别有用心的刁难和挑衅。

曾经有外国记者不怀好意地问周恩来总理："在你们中国，明明是人走的路为什么却要叫'马路'呢？"周总理不假思索地答道："我们走的是马克思主义道路，简称马路。"

有一次，周总理在记者招待会上介绍我国建设成就。一个西方记者问："请问，中国人民银行有多少资金？"这个问题可大可小，这位西方记者问这个问题的目的无非有两种可能，一是借此嘲笑中国的贫穷，二来也有可能是刺探中国的经济情报。周总理很清楚其中的利害关系，于是委婉地回答说："中国人民银行的货币资金嘛，有18元8角8分。"看到众人不解的样子，周总理解释说："中国人民银行发行的面额为10元、5元、2元、1元、5角、2角、1角、5分、2分、1分的10种人民币，合计为18元8角8分……"

周总理在参加日内瓦会议期间，一个美国记者先是主动要求和他握手，出于礼节周总理没有拒绝，但没有想到这个记者刚握完手，忽然大声说："我怎么跟中国的好战者握手呢？真不该！"说着还拿出手帕不停地擦自己的手，然后把手帕塞进裤兜。这时很多人在围观，更多的是用戏谑的眼光等看周恩来接下来的反应。周恩来略略皱了一下眉头，也立即从口

袋里拿出自己的手帕，随意地在手上扫了几下，然后走到拐角处，把手帕扔进了痰盂。他说："这个手帕再也洗不干净了！"

还有在1945年重庆谈判时，国民党政府的谈判代表不愿接受以周恩来为首的谈判代表提出的和平协议，一官员甚至恼羞成怒地咆哮道："对牛弹琴！"周恩来神态自若，不缓不慢地应了一句："对，牛弹琴。"

有些蛮不讲理的人，有意提出一些让你哭笑不得又毫无道理的问题来刁难你，让你陷入了尴尬的境地，如果你不回答，就会被认为是心虚，如果你怒不可遏地与对方争吵，只会让旁人觉得你和发难的人一样没有涵养。这时候，用幽默为武器予以还击，将尴尬不知不觉地转移给对方，既巧妙地化解了自己的危难，也能显示出自己敏捷的才思和智慧。

诗人海涅是个犹太人，在一次参加晚会时，一个人不怀好意地对他说："我最近发现了一个小岛，但是这个小岛上居然没有驴子和犹太人！"海涅漫不经心地看了他一眼，若无其事地说："看来，只有你我一同去那座岛上，才能弥补这个缺陷了。"海涅知道对方是在拐弯抹角地骂自己，把自己比作驴子，于是就顺着对方的话，将计就计地把对方也"拉下水"，让对方的话变为"自己打自己嘴巴"，自取其辱。

斯特·朗宁是加拿大前外交官，1893年朗宁出生于中国襄阳。1923年在他竞选省议员时，反对派大肆宣传他是"喝中国人的奶长大的，身上一定有中国的血统"。朗宁对此并没有气急败坏，也没有直接为自己做任何辩解，而是选择了以其人之道还治其人之身，用幽默的语言反击道："你们是喝着牛奶长大的，身上一定有牛的血统。"这样的妙语有礼有节，回答既是笑话又非笑话，让对方知道自己的推断方法有多荒谬。

在面对刁难和挑衅时，可以明辨道理，直抒己见，直接询问对方刁难自己的原因；可以因势利导，以牙还牙，让对方搬石头砸自己的脚；可以笑容相迎，以柔克刚，用迂回婉转的方式反击对方；也可以佯装认理亏、以退为进，让对方自己认识到自己的错误，或者直面寻衅，幽默还击，一句幽默的反击往往胜过费尽心机的辩解。

以从容不迫、不慌不忙应对对方的刁难和挑衅，用轻松的话语进行调侃，更能显示出一个人优雅的人格魅力。

5. 以玩笑的方式反击别人的恶意嘲讽

在人际交往的过程中，我们难免会遇到一些别有用心的人，不怀好意地用语言挑衅。毫不留情地反击别人的挑衅和讽刺，是每个人本能的反应。

但是当我们遭到他人的恶意嘲讽时，假如与他们针锋相对破口大骂、反唇相讥，甚至大打出手，这样不但不能解决问题，还可能致使矛盾更加激化。如果我们能够充分调动起自己的思维潜能，用玩笑的语言方式进行反击，将会是另外一种结果，这样既可以确保了自己的人格尊严，又可以让他人对我们敏捷的才思、宽大的胸怀加以赞赏。所以，最好的反击嘲讽的方法便是使用幽默的语言，这也是一种令人易于接受的手段。

做一个优秀的人，特别是一些有突出成就的伟人，难免会受到那些妒忌之人的嘲讽和侮辱，但是他们之中很多人在生活中都具有幽默的品质，他们往往会用幽默的话语进行反击，这不仅能给对方更为有效的反击，使自己摆脱窘境，还彰显了自己的睿智。

英国著名剧作家萧伯纳是一个很善于运用幽默进行防卫反击的人。萧伯纳是一个又高又瘦的人，他常在他写的戏中揭露资本家的丑恶面目。

有一次，他去参加一个宴会，受到不少客人的欢迎和尊敬，但是，其中有几个资本家很不服气，他们想借这个机会好好戏弄一下萧伯纳。

于是，其中一个肥胖的资本家哈哈大笑地对萧伯纳说："先生，看见您就知道世界在闹饥荒。"

而萧伯纳也立刻不屑地笑道："看见您，先生，就知道世界上闹饥荒的原因了。"

还有一次，有个资本家想让萧伯纳在大庭广众之下受到羞辱，他挥着手大声地说："我听人说，伟大的戏剧家都是白痴。"

萧伯纳笑了笑，随即回敬道："可是，先生，我觉得你就是最伟大的戏剧家！"

萧伯纳运用这种讽刺性的冷幽默，给予了那些资本家有力的回击。既维护了自己的尊严，让自己从遭受讽刺的境地中解脱出来，又在大庭广众之下展现了自己的睿智和风度。

在社会交往中，有些人仗着自身的有利条件，喜欢寻机在他人身上挑出某个弱点以进行讽刺、欺侮，从而彰显自己非凡的地位。在这种时候，运用讽刺性的幽默进行还击便是最好的武器。

军阀首领张作霖在面对日本人的恶意攻击时，就用了幽默诙谐的语言很好地回击了他们。

有一天，张作霖应日本人邀请出席酒会。在酒会上，这位东北"土皇帝"威风凛凛、派头十足，使在场的日本人极为不满。日本人于是就设计要当众羞辱张作霖，以发泄他们心中的不快。

酒会上人头攒动，酒过三巡，一个日本名流离席而去。过了一会儿，这位名流手上捧着笔墨纸张回来了，要求张作霖当场作画赏给他。他认为张作霖不过就是个"土包子"，这下一定会让他当众出丑。

岂料，张作霖接过纸笔，竟也没有推辞，落笔之后，冷笑两声掷笔而去，然后旁若无人地回到自己的席位上坐下。众人好奇地往纸上看去，纸上写的是一个"虎"字，落款为"张作霖手黑"。

张作霖的秘书以为他一时着急没有写完，就凑近张作霖小声说："大帅，您的落款'手墨'的'墨'字下面少写了一个'土'，成'黑'字了。"

谁知，张作霖听了两眼一瞪，大声对秘书骂道："你懂个屁！谁不知道在'黑'字下面加个'土'字是'墨'？我这是写给日本人的，不能带土，这叫'寸土不让'！"

在场的日本人听了，个个张口结舌。

面对恶意中伤或蓄意挑衅，采用精妙的冷幽默不仅可以巧妙解决尴尬，更可以有力地回击对方，令其毫无招架之力。

在一些比较重要的社交场合，我们不可避免地会因为自己某方面的缺陷而不讨人喜欢，进而受到别人的讽刺挖苦，这时，如果我们只是一味地愤怒，甚至沮丧与惊慌失措的话，只会使我们的对手更加嚣张。正确的处理方法是，充分利用自己的大脑，发掘内在的潜能，利用幽默的力量去解决问题，用幽默、诙谐的语言回击对方。

在运用幽默的语言方式反击讽刺的时候，可以缩小对方话中意有所指的范围，或者是对方讽刺哪个方面，就回击哪个方面。注意不要扩大范围，否则很可能会因为反击过重而引起更大的争吵。

6. 智言妙语，反击对方的无礼

幽默是社交活动的必备"礼品"，是活跃社交场合气氛的最佳"调料"。会说话的人往往会巧妙地用幽默改变人们的情绪和心态，建构起特有的幽默氛围，巧妙得体地摆脱自己遇到的尴尬场景。

在社交活动中，我们也经常会遇到一些别有用心的人的无礼提问或故意刁难，有些人不知道怎么应对，便当场恶语相对，这样不但损坏了自己的形象，还正好中了对方的圈套。而一个懂得幽默的人就不同了，他通常会用一些机智的话语反击对方的无礼，让对方哑口无言，并且提升了自己在众人面前的形象。

蒋龙是刚刚成名的网络作家，他写的科幻小说很受人喜爱，网络公司还专门为他举办了新书发布会，受到了很多人的追捧。

但在发布会的台下，一个小伙子对蒋龙很不服气，挤到他面前，当众很不友好地说："你的作品写得真不错，不过，请问是谁帮你写的呢？"

很明显，这个无礼的家伙是来闹事的。发布会的气氛顿时变得紧张，原本喧闹的会场此时变得格外安静，很多读者面面相觑，场面很是尴尬。大家都不知道接下来会发生一场什么样的闹剧。

然而，蒋龙并没有表现出很尴尬的神情，他也没有生气，反而面带微笑，礼貌地回答说："谢谢你对我的作品的夸赞，不过请问，是谁帮你看的呢？"

蒋龙的反问让那个人哑口无言，灰溜溜地逃走了，台下是一片掌声。蒋龙在聪明的幽默中赢得了这场"战争"。

机智的妙答，往往离不开幽默的语言。只有幽默机智的女人才能让有意攻击自己的人心服口服，无言以对。

幽默能显示出一个人的风度、素养和魅力，能让人在轻松活泼的气氛中工作和学习。幽默是一种高深的说话艺术，它不仅能够巧妙地应对各种给自己出难题的人，还能带给周围的人愉快的笑声，同时也可以提高个人的语言魅力，为谈话锦上添花。

在谈判的过程中，有的谈判代表自恃地位高贵，或者背后实力强大，在谈判时对对方傲慢无礼、攻击挖苦，试图在气势上压住对方，从而迫使对方屈服；也有些人是由于自身修养不够，在谈判不顺利时就恼羞成怒，对对方侮辱谩骂。在这种情况下，被攻击的一方可以用幽默的语言回敬无礼的一方，刹住他的气焰。

在20世纪70年代末期的一次外贸谈判中，中方外贸代表拒绝了一位红头发的西方外商提出的无礼要求，结果，那家伙顿时恼羞成怒，竟然对中方代表开始人身攻击："代表先生，我看你皮肤发黄，大概是长期营养不良造成你思维混乱了吧？"

中方代表听到如此无礼的人身伤害，立即反击道："经理先生，我既不会因为你皮肤是白色的，就说你严重失血，造成你思维混乱，也不会因为你的头发是红色的，就说你吸干了他人的血，造成你头脑发昏。"

那个外商顿时面红耳赤，哑口无言。

这位西方外商在无理要求被拒绝后就转而对他人进行人身攻击，这样的行为不仅蛮横无理，也显得非常粗俗。在这种情况下，中方代表并没有和他对骂，而是采用了故作否定的方法，在辩词前加了"不"等否定词，这样既有力地反击了对方，成功维护了中方的尊严，又不会给对方落下话柄。

这种在幽默中回敬对方无礼攻击的做法，既显示了一个人的足智多谋和宽宏大度，又映衬了对方的浅薄和狭隘，树立了自己光辉的人格形象。聪明而又懂得幽默的人总是很善于运用此法达到自己的目的。

"二战"结束后，英国女皇伊丽莎白到美国访问。当记者问她对美国的印象时，女王回答道："报纸太厚，厕纸太薄"。一句话让记者们哄堂大笑。伊丽莎白语言虽然尖刻,却充分显示了她的机智和幽默。

很多时候,幽默不仅可以给自己一个台阶下,也可以同时帮助别人摆脱难堪。这个时候你所赢得的称赞,往往不在于你的语言功夫,而是你的人格魅力。最重要的是,你因此而化解了很多矛盾,也赢得了很多朋友。

7. 运用"太极术"应对敏感话题

在人际交往中,难免有时候会碰到一些敏感或者棘手的问题,我们很难找到一个让自己和别人都满意的答案。那么,在面对这些敏感话题时,我们该如何应对呢?

一名实习导游带着旅游团参观一座历史名城,一位游客问道:"请问在这个城市曾经诞生过什么大人物吗?"导游一下子就茫然了,因为他也不知道这个城市究竟有没有诞生过什么大人物。但是他灵机一动,微笑地回答:"先生,据我所知,这个城市诞生的都是婴儿。"一句话,惹得大家哈哈大笑起来。

在生活中,有很多人陷入类似的境况时,都会不知所措地选择沉默,但是这样做不仅不能使自己走出尴尬的境地,还会让人觉得你缺乏专业知识又不够机智,甚至还会觉得你没有足够的能力胜任工作。但是如果这时你能运用"太极术",巧妙地掉转话锋,分散对方的注意力,进而瓦解攻击力,你就能从窘态中解脱出来。

张薇在某公关公司的最后一关面试中,就是通过巧妙地回答了面试官提出的问题,成功地赢得了公关部经理助理一职。

在最后一轮的面试中,主考官提出的都是一些比较敏感的问题,他问:"你认为家庭和事业哪个更重要?"张薇想,如果自己说家庭,公司必定不会欢迎这样的人。但是如果自己说事业的话,主考官又会怀疑她说的话不够诚恳,于是她回答说:"我虽然还没有结婚,但我认为人最重要的是能够保持自己的活力,工作对现代女性来说是必不可少的。"

接着，主考官又问："如果你的客户要你陪他跳舞，你会怎么办？"这也是一个让人觉得为难的问题。

张薇回答："一般情况下，跳跳舞没有什么不可以。而且我相信，在咱们这样的正规企业里，也不会碰上那种不三不四的人。我很乐意接受正直、善良的客户的邀请。"

通过这样的面试、考试，张薇最终被考官选中，从十几个人中脱颖而出。

谌容是当代著名的女作家，她在访美期间，有一次应邀到一所大学演讲，台下的美国朋友提出了各种各样的问题，她都坦诚地一一给予答复。

当有人问道："听说您至今还不是中共党员，请问您对中国共产党的私人感情如何？"

谌容敏捷地说："你的情报很准确，我确实不是中国共产党党员。但是，我的丈夫是个老共产党员，而我们共同生活了几十年，尚未有离婚迹象，由此可知我同中国共产党的感情有多么深！"

谌容用偷换论题的方式巧妙地回答了问题，不仅机智得体，而且圆满缜密，使对方无可挑剔。

在人际交往中受到欢迎的人，在大事上可以坚持自己的原则，小事上则可以变通处理。这样，你开心，别人也开心，何乐而不为呢？说话都要学会变通，像"太极"一样柔韧有度，不能太直接、太死板，要具体问题具体分析，把一些敏感的问题应对得轻松自如。

比如说，在职场中，新来的同事常常会向你打听"你一年能挣多少钱？"很多时候，你不想让别人知道你的具体收入，但是不回答的话又显得不礼貌。这时候我们不妨像打太极那样，做出柔韧有度的回答。

在面对"挣多少钱"这个敏感话题时，你可以直接回答："老实告诉你，不够花的。"但是究竟有多少钱才算够花？这个问题并没有一个准确的答案。或者你并不想多说，也可以小声提醒对方："这个问题你问我倒是无所谓，可千万不要随便去问其他同事。"然后告诉他这个问题如果处理不好，很容易伤害别人的感情。如果对方已意识到自己的错误，你不妨再安慰一下："不过没关系，其实我是不在乎这些的。"

如果对方仍然抱着打破砂锅问到底的精神，继续彬彬有礼地追问："我还是想知道，您一年到底能挣多少钱？你要是不方便说的话，不回答也行。"这时候你就只好老老实实、直奔主题地回答："还行。"

第十一章
破译肢体语言里暗含的语言密码

1. 真笑还是假笑

笑是面部表情中一个极为重要的因素，笑的方式也有很多种，笑容爽朗的人往往性格外向内心也是单纯而明快的，而性格内向的人，笑容则往往显得孤独而冷漠。

美国精神病学专家威廉·弗赖依博士强调：生活里不能没有笑声，不爱笑的人们往往比爱笑的人更容易患病，笑能够为我们带来很多的益处，但是我们在与他人的交往中，也要认清，哪些笑是发自内心的真笑，哪些是勉强敷衍的假笑。

在日常生活中，我们常常遇到这样的情况：自己做的事明明是应该让对方感到反感的，但是人家也不好意思直接说什么，只是"友好"地笑了笑，我们却误以为对方是真心地高兴，结果只能让事情越来越糟。

随着一部美剧的热播，更多的人知道了原来通过"微表情"还可以看透一个人的内心。其实，在日常生活中，我们也可以通过细微的表情变化来区别真笑和假笑。

一本微表情专家说："真笑时，我们会因为兴奋而目光发亮、瞳孔放大，但假笑时，目光是暗淡无光的。"

要想知道别人是真心地笑还是虚伪地笑，我们要仔细地去观察他们的眼睛和眉毛，这是我们判定的重要的线索。即使是一个表情高手，他在做假表情的时候也会和真表情有一些细微的差别。只要我们注意观察，就能够去发现那些细微的差别。

一个人在真笑时嘴角的两边会同时上翘、眼睛会眯起来。当一个人发自内心真笑时，他面部主管笑容的颧骨主肌和环绕眼睛的眼轮匝肌会同时收缩。这种反应是人体自身自发产生的，并不受我们的意识所支配。除了反射性地翘起嘴角之外，大脑负责处理情感的中枢还会自动指挥眼轮匝肌缩紧，使得眼睛变小，眼角产生皱纹，眉毛微微倾斜。

而在假笑时，人的面部表情只是嘴角上提，看起来就像是人们常说的"皮笑肉不笑"。伪装的笑容是人们通过有意识地收缩脸部肌肉、咧开嘴、抬高嘴角产生的。它与真笑不同的是，此时眼轮匝肌不会收缩，因为眼部肌肉不受人的意识支配，只有真的有感而发时才会发生变化。有时候我们会看到有些人假笑时动作很夸张，而且面部肌肉强烈收缩，仿佛要把整个脸都挤成一团，给人造成眼睛眯起来的假象。但只要你仔细观察一下，就会发现，假笑者眼角的皱纹和倾斜的眉毛是没有办法伪装的。也就是说，如果我们把真笑和假笑者面部的其他部位遮住，只露出眉毛和眼睛，那么真笑者依然能看出来他在微笑，而若是假笑，则只能看到一双无神的眼睛。

在时间因素上，分辨真假表情也是可以得到实现的。这涉及面部表情的持续时间，以及出现快慢和消退快慢，从中为我们提供说话者的表情线索。

还有专家说，微表情其实只是四分之一秒的细微表情。一个不开心的人，因为他一开始笑很勉强，但是他又想让自己的笑容看起来自然一些，那么他就开始有意识地控制笑容。因此，假笑维持的时间比较长，当一种表情持续超过5秒钟的时候，我们就可以说那很有可能是假的。一般来说，那些能够持续时间很长的表情，差不多都是假的，人们真正发自内心的表情都不长，除非是我们的情绪达到了一个极点，就如同《范进中举》中范进的表情，欣喜若狂或者怒气冲天，即使在这么极端的情况下，人们的面部表情也很少能够持续很长时间。同时笑容来得过早或过晚，也可以成为虚假笑容的一个信号。比如说一个人先是拍桌子站起来后才流露出愤怒的表情，那么他的愤怒就极有可能是装出来的。

如果一个人正在生气，那么他在说，"简直是气死我了"的同时，脸上也会做出相应的表情，如果生气的表情是在说完话以后才出现的，那么大可断定他的表情是装出来的。但是在还没有开始讲之前，表情就已经出现了，那么这个表情的真假就不好断定了，这就需要我们再通过别的方法去断定。

但是，在表情出现与消退的快慢上，并没有对怎么样就算是说谎的硬性规定，但是惊讶却是个例外。当一个人表达内心的惊讶时，从惊讶表情的出现、持续到最后的消退时间只有不到一秒的时间。如果长过于此，基本上可以断定他们是在假装。不管是多出乎意料的事情，一旦弄清楚，人很快就能够回过神来。尽管装出惊讶的表情几乎人人都会，但是真正知道惊讶来得快去得也快的人并不多。

基本上，任何与肢体动作不同步的面部表情都很可能是假装的。如果我们能够运用好辨别真假表情的方法，那么可以说你已经成为一名读心高手，任何人在你面前都将脱去伪装的面具。

2. 他正在被他的眼神出卖

"眼睛是心灵的窗户"，一个不经意的眼神，就能出卖一个人内心的想法。美国思想家爱默生曾经说过："人的眼睛和舌头所说的话一样多。"眼睛的语言与一个人的思想感情有着不可分割的关系。说"言为心声"不如说"眼为心声"更恰当。一个人的思想活动会从他的眼神中表现出来。一般人说话都有撒谎的时候，但是他的眼睛却往往容易出卖他的谎言，把他内心的想法真真切切地表露出来。

你不仅可以从一个人丰富的眼睛语言，读出一个人内心的秘密或者隐藏的事情。还可以通过一个人眼睛的动态来了解一个人的脾气秉性，洞悉他的喜怒哀乐。一个人的表情可以伪装，但是眼神是不容易伪装的。我们想要真实地了解一个人，就要从观察她的眼神开始。

当一个人用一种带有幸福、欣赏、欣慰等感情交织的眼光打量另外一个人时，就表示他已经对对方产生了好感。当他流露出不情愿、愤怒甚至是轻蔑的眼神时，就表示了他对对方的排斥和拒绝。

在交谈的过程中，如果他不断地把目光转移到别处，就表示他对你的话题已经不感兴趣了，但是如果他的眼神由平静无波的状态突然变得明亮起来，就说明你的话题已经引起了他极大的兴趣。

如果一个人在跟你交谈的时候，连看都不看你一眼，直观埋头自说自话，那就表示了他对你的轻视。相反地，如果他长时间用两只眼睛盯着你看，大多数情况下他是在期待你能够给他一个他想要的答复。友好、坦诚的眼神可以表示他对另一个人的喜爱和赞赏，锐利、冷静的眼神则带有一种警告意味。冷眼看人的人，考虑事情时常常能把各种各样的细节都考虑进去。

我们知道了不同的眼神，表达了人们不同的心理活动，那么我们又怎么来辨别这些眼神呢？

首先，我们可以从一个人瞳孔的变化来了解。如果他黑眼珠深处的瞳孔在慢慢扩大，不管他表面上看上去是不是一副心不在焉的样子，都表明了他的内心对我们谈论的事情有着强烈关注。

我们还可以通过视线的变化来看透一个人内心的想法，当你正在口若悬河说得兴高采烈时，对方的目光却四处游离，回避与你的视线交流，可以理解为他已经厌烦了你的话题。当一个人的眼神游离不定时，也有可能是感到内疚或做了对不起对方的事情，而想要刻意隐瞒。但是有一点需要注意：目不转睛也并不一定代表对方就是在说真话。有些人就是为了不被看穿，说谎时刻意不避开对方的眼神。

眼球的变化也可以反映一个人的心理活动。一般眼球向左上方看，表明大脑在搜索自己的记忆，眼球向左下方看时是在试图回忆某件事情或某种感觉，这时他所说的大多是真话；眼球向右上方看说明大脑在编造谎言，眼球向右下方看时则是在感受到来自身体的痛苦，这种时候说的话可信度往往都不高。不过这一招的运用还要结合对方的生活习性，如果他是左撇子，那么这招就要反过来用了。

还有就是眼球习惯向左转的人趋向于平和，而眼珠习惯朝右转动的人则往往易怒、攻击性强。如果一个人习惯冷眼看人，那他的性格多是冷漠、谨慎多疑的，这样的人可能他的心中并没有恶意，但是却给人一种不友好的感觉。这样的人已经养成了"怀疑"的习惯，无论对谁都会将自己内心深处的热情保留三分。在与这样的人交流的时候，一定要想好了再说。

当一个人看上去似乎快要哭了地连眨眼睛，就表示他正处于一种极力压抑的心情；如果是单纯而夸张地眨眼睛，代表了不敢相信眼前事实，"想要擦亮眼睛看清楚"的心情；男人如果喜欢向别人眨眼，往往表示自己对外在形象比较自信。一个人通常会用向另一个人挤眼睛的方式来表达两个人之间的默契。两个朋友之间挤眼睛，代表了他们在某个问题上的看法和感受有"心有灵犀一点通"的感觉。陌生人之间挤眼睛则是一种轻佻的表现。

如果一个人两眼无神，是他缺乏斗志的一种表现。好好注意一个人的眼睛，可以帮你知道你想要知道的所有秘密。

3. 手势的变化体现了内心的变化

人类的手是独特的，通过双手我们可以感受、感觉、衡量和改造我们周围的世界。人们还可以通过打手势来反映内心深处的想法。

大脑对手的偏爱也远远多于对我们身体的其他部位，它把更多的精力分配给手腕、手掌、和手指。这样一来，我们的双手就变得越来越灵巧并擅长表达。我们除了可以通过"说话"这种有声的语言来表达自己的意思，还可以通过"手势"这种无声的语言来表达我们的情绪、思想和感情。

在美国的加利福尼亚州曾经有过这样的一个警方记录：

萨克拉门托市的一名女士报案说，她刚刚几个月大的女儿被人劫持了，就发生在该市的游乐场外的停车场中。

在接到报案后州警立即为她做了笔录，在做笔录的过程中，一位熟稔犯罪心理的老警员发现这位女士的举动非常反常——她的反应似乎有点太过平静了。

这位女士在讲到自己的女儿被劫持的时间时并没有像一个普通母亲那样表现出焦虑和恐惧，也没有使用更多的说明性的、激烈的身体语言，这个女士只是将双手木然地放在大腿两侧，连女警递过来的咖啡也不去接。这反常的举动引起了警员的警惕。最终，在几番质问下，这位女士终于承认，是她自己杀死了自己的孩子，并捏造了劫持事件。

当一个人将精力放在编织谎言以骗取他人的信任时，大脑就会不自觉地放弃掉对其他身体部分的指挥；而且处于对谎言被拆穿的恐惧时，人也会尽量减少不必要的动作，以防露出马脚。德国的研究者们经过调查发现，与那些说真话的人相比，撒谎的人通常会尽量避免各种手势和身体接触，因此他们在表述自己的观点时经常会将手固定放在膝盖等部位不动。

我们常说"十指连心"，人总会不自觉地将情绪和心理变化体现在手部的小动作上。当两个人进行交流的时候，作为聆听者的一方手部动作也没有停下来。手部的动作往往可以作为一种情绪和心理的表述而单独存在，因此我们可以通过对一个人手部动作的分析来了解他的内心世界。

手部动作的突然转换往往说明动作实施者的思想和感觉发生了急促的变化。如果正在交谈的两个人突然各自把自己的双手远离对方，就表示他们之间一定发生了什么不愉快的事情。

搓手掌常常表示对某些事物饱含自信的期待，比如一位总裁接到了一份大订单，在员工动员大会上，他常常会搓手掌。搓手掌还可以表示内心的焦急、渴望、紧张不安，如那些初次登台演讲的人，搓手掌表示他的手足无措。还有人在下注、掷色子、等待运动员出场时，约定好了的人对方许久都不来、向对方解释某事着急得到对方的信任，也常常会搓手。

如果一个人双手的手指张开，指尖并拢，但是十指并不交叉，手掌也不互相接触，这个手势看上去就像一个塔的形状，因此我们把它称作"尖塔式手势"。这种手势在沟通时一般多出现在强势的一方，也是一种自信的表现。比如说倾听下属报告的老板和领导、等待学生交代错误的老师等就经常会用这种手势。在两个人交流的过程中，尖塔式的手势，代表一个人对某件事情持有肯定的看法。

当一个人的自信发生动摇或产生怀疑时，被搭成尖塔的手指就不自觉地变成十指交叉。如果一个人的手势在尖塔式和十指交叉之间不断变换，这就反映了他的内心是在自信与怀疑中反反复复。当然了，如果一个人在做尖塔式手势的时候位置很低，甚至把双手放在桌子下面，也是一种自信不足的表现。

当我们有意识地向别人竖起拇指时，代表的是一种赞扬和肯定。但是，在日常生活中，我们常常发现一些成功人士在步入一些重要的场合时总会用手拉一拉自己的衣领，而此时拇指则永远高高地耸起并露在外面，而这些动作常常是无意识的，这是一种高度自信的非语言信号。在与人沟通的过程中，对方不经意地将拇指高高竖起，常常表示他对自己评价很高，或者是对自己的观点非常自信。在人际交往中，一般无意识拇指竖起的人喜欢处于强势的地位，跟这样的人沟通，我们最好的方式就是多听他说些什么，而如果我们是想从他那里得到更多的信息，不妨多说几句赞扬的话。

手托腮的含义也非常丰富。在与人的交谈中，如果一个人做出食指和

175

中指紧贴脸颊的托腮动作，说明他正对对方的发言进行深入思考；但是如果他是用手腕处托着下巴，这就说明他对对方的发言漠不关心或是毫无兴趣。

还有一些人喜欢把手伸进兜里摆弄钥匙、硬币等小东西。喜欢摆弄硬币的人，不是把钱看得很重就是代表他比较缺钱，并希望马上获得钱财，这种小动作在赌场中会经常出现。而习惯摆弄钥匙等小玩意的人，很可能是不被重视的一方，希望能引起对方的注意。

4. 谈话过程中伸舌头代表什么

人在感到不舒服的时候，常常会通过用舌头反复摩擦嘴唇的方式来达到自我安慰的效果。比如，当一名员工受到领导的斥责时，我们总能看到他紧闭的双唇在蠕动，这并非是他有话要说，而是他在用舌头不断地摩擦嘴唇，以达到缓解自己紧张情绪的目的。

在交谈的过程中，如果对方频繁用舌头舔舐嘴唇，说明他正处于某种压力中。因为当一个人面对压力的时候，往往会感到口干舌燥，而且压力越大，嘴唇就会越干，于是用舌头舔舔嘴唇，让它们能够得到滋润，便成了人下意识的动作。因此很多人在面对某项比较重要的决定时，在思考的过程中总是会伴之以舔舐嘴唇。

当然，相比于舌头舔舐、摩擦嘴唇来说，舌头的另一个小动作则更为常见，那就是将舌头伸出口腔。

吐露舌尖是伸舌头的表现形式之一。很多女孩儿都喜欢用吐露舌尖来表达自己的感情，吐露舌尖也经常被人看作一个可爱的行为，但是本身不可爱的人或者过了可爱年龄的人，就不适合再通过吐舌头来扮可爱了。不过这些都是有意为之的。下意识的露舌尖可并非如此，这种行为多发生在人们侥幸成功的时候，或被发现正在做某件事的时候，因此多表示意外、侥幸、轻松和有些难为情的情绪。人们在感到尴尬困窘、尤其在犯错受到批评或者干了愚蠢的事情后，也经常会通过快速吐舌头来缓解自己的难堪。

比如，市场上的小商贩们在互相讨论自己的盈亏、赚了某个客人好多钱时就常常会做出吐露舌尖的动作；在赌局上，一个侥幸赢得了最后的胜利也会不自觉地做出如此的动作；再有就是某些错误或者恶作剧被人揭穿，比如老师抓到学生在作弊，红着脸的学生在站起来的同时也总会做出一个这样的动作。

伸舌头的另一种表现则是伸出舌头，这个动作与伸舌尖的区别主要在舌头伸出口腔的长度。伸出舌头一般是一种习惯性的动作，很多人在童年时养成了一种习惯，就是当他们聚精会神做某件事的时候，总是喜欢将舌头伸出来，这样慢慢习惯成自然，在长大以后，每当专注于某项任务的时候，也都会伸出舌头。比如我们熟悉的篮球巨星乔丹就是一例，他在场上打球的时候总是喜欢边运球边伸出舌头，随着他舌头的一次次伸出，他手上的篮球也一次次地入网了。

伸舌头还可以表达拒绝和不赞同。这种情况一般不好判断，如果一个人在伸舌头的同时，眼睛开始斜视、鼻子也皱起来，那就是很明显的表示不赞同的意思了。当一个除了目瞪口呆、双手平举、掌心向外，还把舌头长长地伸出来，那就表示他受到了很大的惊吓，也是想要拒绝接受这些可怕的事的意思。

当人们面对灾难、失去亲人的痛苦时，也会通过双手抱头、吐露舌尖来表达对残酷现实的难以接受。在一个人正在专注地看电影或者读小说时，吐露舌头表示不希望受到打扰。

舌头所能够表现出的信息并不如眉目鼻口耳那些外在器官所能表现的多，但是如果仔细观察、认真总结，还是可以通过舌头下意识的动作，为我们判断一个人的情绪提供信息上的补充的。

舌头是人体柔韧的器官，人们普遍认为，舌头最主要的两个作用一个是说话，另一个就是品尝滋味。现在，我们了解到舌头不仅能够让我们发出动听的声音、造就无数的演讲家和歌唱家，帮助我们品尝美食、享受生活，它还能够通过丰富的动作诉说着千言万语。

舌头还可以从说话的辅助工具中独立出来，作为一种独立的身体语言，用来表达及发现恐惧、欲望、拒绝，以及侵犯他人的信息。我们可以通过对他人的舌头在不经意间做出的一些小动作的细微观察，分析出大量有价值的信息。虽说领悟无声语言不容易，但是只要我们掌握了一定的规律，了解他人心里的语言就不难了。

5. 怎么坐？腿怎么放？你知道对方心里怎么想

你喜欢怎么坐？什么样的坐姿让你觉得最舒服？你知道吗，一个人不经意间的坐姿可能会出卖他的性格特点和内心的想法。

相对于其他身体语言来说，坐姿是一个比较明显的动作，因而通过坐姿判断一个人的心理也要比某些细小的肢体动作或表情变化要容易，只要平时勤于观察，做个有心人，在面对陌生人时，即使双方都还没有说话，你也能在很短的时间内对他的心态和性情有个大致了解。

坐是人在社交场合中一种常见的姿态，美国夏威夷大学的行为学家曾经指出：当一个人坐下的时候，他双脚所摆放的位置会泄露他性格中的某些特征和情绪的波动，因此通过研究人坐姿的细微区别，我们是可以推测出那人的性情轮廓和所处的心理状态的。

1999年德国萨克森州德雷斯莫市，州警正在审讯一名男子，该男子被怀疑与前天发生的一件谋杀案有关。但是他却一再辩称自己对此毫不知情，并表示案发当时他正在一家酒吧内饮酒，并没有作案时间。对于该男子的辩解，酒吧的老板无法给警方提供准确的答案，因为当天去酒吧的人很多，他也不敢认定这其中是不是有这名男子。

于是有着丰富经验的老警员只好采取进一步的审讯。这次的警员将问题侧重在男子去酒吧的细节上，比如问他当天"都喝了什么酒""一共喝了多少""在喝酒的时候吃了些什么"。男子全都对答如流，不过细心的警员发现，在回答这些问题的时候，男子虽然脸上表情非常镇定，但大腿却活动激烈，在每回答一个问题之后他的腿就会不自觉地张开并且抖动，当下一个问题提出的时候，他的腿又会迅速地收紧合拢，并伴随有轻微的抽搐。

这一反常的举动引起了警员们的重视，大家经过分析讨论后，一致认定犯罪者就是他。最终的调查结果也验证了警方的判断是正确的。这名男子能够一直和警方周旋是因为他本人是一位心理素质极强的心理学家，他把自己的表情、语气都控制得恰到好处，但是他的坐姿却出卖了他。

人的一举一动可以说都是人内心的反映，行为学家就归纳了一系列不同行为反映不同心理的规律。

跷二郎腿是一个比较随便的坐姿，无论哪条腿放在上面，都表现得非常自然，这种坐姿说明人的内心非常自信，和交流的对象关系也非常融洽。不过有人在跷二郎腿的时候会用一条腿勾着另一条腿，这就说明他为人谨慎、矜持，没有足够的自信，做事甚至有些犹豫不决。而如果周围环境让人感到不适应的时候，他也是会采取这种坐姿的，但是这种坐姿并不会引起他人的不快。

然而，坐下时双腿脚不停地抖动却是一个非常令人讨厌的坐姿，采用此坐姿的人情绪一般都被自满、骄傲、傲慢、扬扬得意占据。这种人最明显的表现是自私自利，做事总是从个人利益的角度出发，对自己很纵容，对别人却很吝啬。但是这种人往往善于思考，也常常会提出一些让你意想不到的问题。

我们经常把腰板挺直、两脚并拢、脚掌着地形容为军旅坐姿，这就说明了此类坐姿的刻板与严肃。习惯像这样正襟危坐的人，性情多是严肃正直、襟怀坦荡，他们做事的风格也是有条不紊、力求周密而完美的，但往往不愿冒险行事，只做那些有把握的事，因此也缺乏足够的创新与灵活性。

双腿伸直，脚踝部交叉也是一种比较常见的坐姿。当男人采取这种坐姿时，通常还会把握起的拳头放在膝盖上，或双手紧紧抓住椅子的扶手；而女性采用这种坐姿时，通常在双脚相碰的同时，双手会自然地放在膝盖上或将一只手压在另一只手上。这种坐姿一般理解为故作姿态，采用这种坐姿的人喜欢发号施令，又有很强的嫉妒心，因此可能是一个不容易相处的人。而当一个人突然采取如此的坐姿时，还表示他在控制自己的情绪，下意识地想要防御些什么。

还有一个非常男性化的坐姿，就是把腿放在椅子的扶手上。采用这种坐姿的人，一方面是告诉别人"这把椅子是我的"，同时也传达出一种挑衅和不拘礼节的态度。如果你在和一个人谈生意的时候，对方保持这种坐姿，就表示他对你说的话题是漠不关心的，或者是故意挑衅你的耐心和能力。这时，想要打破这种局面，你可以拿出一些资料给他看，迫使他往前坐一点。

如果一个人是脚尖并拢、脚跟分开的坐姿，说明他心里比较紧张，或者正处在犹豫中，想下决心但又没有拿好主意。经常保持这种坐姿的人性格中多少有些优柔寡断的成分，有时对待事物过于认真而不懂变通，有时候也会过高评价自己的能力。他们常常会比较喜欢独处，交际只局限在自己感觉亲近者的范围内，面对陌生环境会感到局促不安。不过，这种人的洞察力也很强，他往往能以最快的速度对对方的性格做出准确的分析和判断。

敞开手脚而坐是一个极度开放的姿态。经常采用这种坐姿的人，可能具有主管一切的偏好，有领导者的气质或支配性的性格，这类人一般都会十分外向，有时甚至会表现出自来熟或不知天高地厚。这种坐姿有时候也是自以为是的象征。

6. 伸出双手与人握手是热情的表现

握手是祖先遗留给我们的一种重要的交流方式。在远古时期，两个原始部落的人在一种友好的氛围中相遇的时候，他们会首先伸出双臂，摊开手掌，向对方表示自己的手中没有武器。到了罗马帝国时代，人们往往会将匕首藏在袖子里，于是，为了保护自己，罗马人就采取了一种新的问候方式：握手。

到了现代，握手已经成为社交场合的一项基本礼仪，握手本来就是一种互相试探的方式，通过握手了解对方的情况自古皆然，因此在握手时注意感觉对方的态度，以此来了解对方的情绪和性格，既是我们的本能，也应该成为我们的习惯。

千万不要小看这一简单的握手，在握手中也可以流露出不少的情感呢。"有的人握手能拒人千里，我握着他们冰冷的手指，就像和凛冽的北风握手一样。"著名女作家海伦·凯勒曾说，"也有些人的手充满阳光，握着他们的手，感觉很温暖。"在与人交往的过程中，我们也可以通过握手来了解一个人的性格特征。

与人握手时只轻轻握一下便立刻把手拿开的人，大多性格内向而悲观；如果是握得比较紧，也是一下就马上离开，这种人往往外表友善、内心多疑；在握手时力量很大的人，一方面有逞强而自负的心理特征，另一方面也可以反映出他的坦率与坚强，这种人的内心也是比较真诚和煽情的；当一个人跟你握手时掌心微湿，尽管他表面上镇定自若，内心却是十分紧张的；握手时喜欢在对方手心瘙痒的人，往往为人轻佻，做事也常常偷偷摸摸。

2004年雅典奥运会女子乒乓球单打决赛，中国选手张怡宁以4:0的大比分轻松战胜朝鲜选手金香美，为中国代表团拿下一枚宝贵的金牌，进而让中国代表团的金牌总数达到了一百枚，创造了历史纪录。在赛后的采访中张怡宁向记者透露，在比赛开始之前她就知道自己肯定会赢得冠军，记者问她为何如此自信，张怡宁回答道："赛前与对方握手时，我感觉她的手是冰凉的，这说明她很紧张。"

张怡宁通过握手就预料到自己的胜利这并不奇怪，因为行为学家早就有过研究，手是人情绪的衡量尺，一双颤抖的手背后一定是恐惧的情绪，一双发热的手背后一定是激动的情绪，而一双冰凉的手自然就代表着紧张。

很多时候，人们用一只手与人握手，就足以表达他的热情，有人会伸出双手与人握手，这一类型的人，喜欢向别人展示自己的诚意，他们大多非常热情。伸出双手而且用力握手的人，很多时候都给人一种真诚、诚实的印象。同时这种人大多喜欢自由、不习惯受到某种约束和限制。但是有时候这种热情的方式也反映出他们"自己很强大"的内在心理活动，当热情过火的时候就会让人难以接受。

有的人握手只是例行公事一样敷衍了事。一般来说，这种情况下他的情绪一定是非常低沉，或者被某些事情困扰，没有心情应付社交。要不然就是他对你并无感觉，握手只是一个象征性的礼节，在他的心里和你握手，握与不握其实都是一回事。

有的人会在握手的同时与你交谈，这一方面可能是对方是个"自来熟"，想要通过这种方式让你感到亲切；另一方面则可能是他在试探你，想从你嘴里提前了解一些信息。

有的人在与你握手时会抓紧你的手，不断地摇动。有这种习惯的人一般都非常乐观，对人生充满了希望，他们乐于助人、积极热诚的待人态度能够为他们带来很好的人缘，使他们经常成为中心人物。

有的人在握手时只用手指抓握你的手，而不让你触碰到他的掌心。这类人的性格一般都非常敏感，或冷傲，或孤寂，总之是不喜欢与人交往，而且他们的情绪容易激动，想和他们成为朋友并不容易，但一旦成为朋友就有可能发展成为知己。

有的人握手时间很长，他把你的手握住之后，很长时间都不往回收，这表明他对你很感兴趣，想大胆直白地与你更深入地交流或者立即取得你的好感。比如1972年美国总统尼克松访华时走下机场与周恩来那次长达两分钟的握手，就带有着浓厚的此类含义。当然，一个人如果握手时间过长，也可以表示他在暗中与对方比耐力，他们常常让对方比自己先抽回手，以显示自己比对方更有耐心，这种人在谈判中往往能得到对方的让步。

此外，握手迟疑的人大多缺乏判断力，遇事优柔寡断。如果在你向对方伸出手之后，他犹豫了片刻，才慢慢伸出手来，这大多反映他们的性格十分内向，不善与人交际，平时也沉默寡言。

7. 交叉双臂意味着心灵之门已经关闭

手臂的动作是比较频繁的，而且也有着非常丰富的含义，根据每个人的性格、心情，人们会表现出不同的手臂动作。因此，手臂动作也可以体现一个人的情绪变化。不知你是否留意过可以传达对方情绪信息的手臂动作。

挥动的手臂在很多西方文化中都被当作正常交流的一部分，它可以用来表达一个人谈话中的某种观点，挥动的手臂可以表达某人无法自控、非常情绪化，或者很生气等不同含义。如果一个人做出把双手放在臀部、肘部从身体两侧突出来的双手叉腰动作，他这是在告诉你"离我远点儿"或者"我不想跟你待在一起"。这也是一种非常自信的表现。

德国心理学家胡克曾经被聘请为一家企业做谈判顾问，当时这家企业正在和两家分别来自日本和印度的企业讨论合作开发一条生产线的可能性，他们聘请胡克博士是为了让他分析这两家企业的谈判代表在谈判时的诚意和他们话语背后的信息。

胡克首先出席的是与日本企业的谈判，在谈判的过程中，双方你来我往、讨价还价，对于双方的谈判内容胡克教授听不懂也没有兴趣，不过日本企业首席谈判代表的一个细节动作引起了他的注意。当德国企业坚持要日本企业先保障资金和人力，德方才肯拿出技术时，日本谈判代表靠在了椅背上，他的手臂也停止了挥舞，而是双臂交叉地坐在那里。这一个细节向胡克教授提供了一个信息，日本企业要么是不同意德国人的条款，要么是他们并没有打算提供资金和人力。

而到了和印度代表谈判的时候，这种情况就消失了，在双方讨论是德方先拿出技术还是印方先出资出人时，虽然也引起了一番不小的争论，但印度代表的姿势却始终没有发生特殊的变化。通过这个信息，胡克教授认为就算印方也对这项条款不是很满意，但他们谈判之前是做了充分的心理准备的。

在会后，他将自己的调查意见交给了公司的决策者，在认真考虑了胡克教授的报告之后，公司把谈判的中心放到了印度企业上来，结果很快双反就达成了协议。而通过事后的了解，那家日本企业所谓的谈判，完全是一场"空手套白狼"的阴谋。他们确实并没有做这方面的预算，只是想把德方的技术先弄到手，然后通过技术再向银行抵押贷款。

如果一个人在与我们交流的过程中下意识地做出如此的姿势，那么这就说明他正在对我们提高警惕，双臂抱在胸前的人如果是用这种方法坚持己见、鼓舞自己的话，其实还意味着他们会拒绝你提供的任何立场。尽管他脸上可能表露出一种赞成或者思考的表情，但其实心里早就把我们的意见否定了。

双手紧扣放在背后，其实是在暗示：他们无须保护自己。这是一种坦诚和自信的表现。军人们在稍息的时候常常要把双手握拢、放于背后，就是为了显示他们是坦诚的、放松的。

如果说拥抱是人与人之间表示友好的最佳方式，那么双臂交叉抱于胸前的姿势则表示着防御、冷淡、拘谨和不甚友好了。因此，在与他人交流的过程中，如果对方摆出了这样的姿势，我们就应该明白对方是在向我们表示不欢迎了，在这种情况下，识趣一点离开对方就成了我们最好的选择。

很多人在思考、讨论、发呆时都会下意识地将双臂交叉于胸前。所以很多人就理所当然地把这一姿态看作大脑运作的标志，有些人则认为这么做只是因为舒服。

美国芝加哥大学的几个行为学教授曾在2006年组成了一个研究小组，针对环抱双臂这一动作进行了专门的研究：

他们要求参与研究的一群志愿者听一系列的讲座。在听讲座的过程中，一部分参与者按照教授们的要求，保持双腿和双臂的自然状态，不跷二郎腿，也不将双臂环抱于胸前，尽量以一种放松的姿势聆听讲座。在讲座结束之后，教授们记录下了这群志愿者对讲座内容的掌握程度以及他本人对此次讲座的想法和收获。在此之后，教授们又安排另一部分志愿者进行了同样内容的试验，讲座的内容也完全一样。唯一不同的是，他们要求这些志愿者在听讲座的时候都必须双臂交叉紧紧抱于胸前，在课程结束后他们同样记录下了他们对讲座的想法和收获。

通过对两组数据的比较，教授们得到的结果是：与第一组坐姿放松的志愿者相比，将双臂交叉放于胸前的志愿者所掌握的内容要少40%以上。而与此同时，他们对于课程内容及讲课教师的观点也更为挑剔。由此，教授们得出结论，当人们把双臂交叉抱于胸前时，他的沟通能力将会随之大幅度降低，与对方交流的难度将大大加强。

每当我们感觉到有危险降临的时候，我们的手臂就会下意识地护住自己身上的要害部位，从而增加我们内心的安全感。所以说，在很多时候，当我们将双臂交叉抱于胸前，就好比在自己与对方之间筑起了一道障碍物，将我们不喜欢的人或物统统挡在外边。

当我们有意识地将双臂交叉放在胸前的时候，我们的心理也往往会产生一种防御的暗示，这个时候，别人的意见和态度就不容易影响到我们的内心，沟通的障碍也往往由此形成了。

8. 看透对方的"Yes(是)"与"No(不)"的手势

我们常会这么说："捏着一把汗。"也就是说，即便你脸上能强作镇定，但是你的手还是会显出你内心的紧张。可以说，脸上藏得住，手却更真实，不会说谎。因此，在交谈的时候，我们可以通过对方的手势看透对方的"接受"或"拒绝"之意。

说话者在站立的时候，如果喜欢双手交叉抱于胸前，两脚平行站立，那证明他处在防御攻击的状态下。这是一种很明显的"拒绝"或者"否定"信号。也就是说他们对谈话没有什么兴趣，这个时候接话最好转换话题。此外，如果是把手肘支在桌子上，两手交叉，那也是表示拒绝。甚至，如果他们在谈话时身体微微往一边倾斜，则表明他不喜欢你，你最好找个理由赶紧离开。

紧握拳头，可以向其他人暗示："我是有力量的。"比如，在有矛盾的时候，我们常在人前攥紧拳头，并说："你想尝尝拳头的滋味吗？"退一步说，紧握拳头这一行为，即便不是攻击，也是具有防御性的。因此，当谈话对象出现了"一手握拳，另一只手的手掌拍击拳头"的手势时，便是在说"No"。这时候，你的接话就要表现出你的友好和善意，比如"你是对的。""我赞成你的想法。"或者说"我没有敌视你的意思，只是希望你慎重考虑"。

十指交叉，把手合在一起，是我们常见的一种手势。如果十指交叉举在面前或者放在桌面上，都出现在说话者正处于心平气和或娓娓叙谈的时候。如果对方十指交叉，遮住半边脸，这是在隐藏他自己。这里面也暗示着对抗的情绪，表明对方对你所说的一点也不感兴趣，是"拒绝"的意思。

不过，如果他突然把手松开，然后身体前倾，很有可能说明他想发表自己的意见。另外，两手相扭并且十指交叉，那是无助的表现，这种人需要你的帮助。如果对方出现这个动作，你可以问："有什么需要我帮忙的吗？"

两手的指尖交叉，形成"教堂塔尖"的样子，可以传达出"我很自信"这个信号。但是，如果是小拇指向上抚耳边的头发，或者两手的指尖交叉或者用指尖盯着鼻翼等，表示的是对听到的话表示怀疑，如果要接话，那就要举出更多有力的证据。但若对方不断重复这些动作，则表示"No"。另外，在谈话时，用指尖轻轻敲打桌面。这是紧张、不耐烦或拒绝的意思，这时候你最好装出若无其事的样子，然后中断谈话。

对方说话时，如果把双手的手掌摊开，这表示自己很放松，证明他已经从心里接受了你。从另一角度来看，当一个人开始说心里话或说实话的时候，他的手掌也是摊开的。我们常见的情形：当人们愿意表示完全坦率或真诚时，就摊开双手，说："没有什么值得隐瞒的，我来坦率地告诉你吧。"所以，当一个人双手摊开的状态下说"喜欢你"的时候，你可以相信。不过，若他背着手或者把手插在衣兜里，则是戒备心理，可能在隐瞒什么。用手抚摸额头也是说谎时经常会出现的动作，如果在交谈中对方出现了"手支在腮帮上"或者"用一只手撑住脑袋"，那你就赶快交出谈话的主动权，让对方说。

转动手腕，令人有跃跃欲试的感觉。也就是说，谈话者对你说的话很感兴趣，也很愿意参与其中。这是一种很明显的"Yes(是)"。这时候，你可以接着说，抓着对方感兴趣的说。与此相反的是，如果对方用手指触摸鼻子，则是想着不可以参与其中，是逃避和躲闪。

此外，还有一些手势可以帮助我们了解对方的心理。

在谈话的过程中，手不停地摆弄身边的东西，暗示出对方的紧张。一位主持人说过，当我看到那些紧张的人不知道手放在哪里的时候，我真想给他递上一支笔。其实也是这个意思。

对方可能一边谈话一边在手边的纸上或物品上随手涂鸦。这是对你的谈话产生了厌烦。接下来你最好适可而止，然后更换话题。

与人交谈时我们会发现有人喜欢用用食指及拇指的指尖来触摸嘴唇或者咬指甲，甚至会把指甲咬成锯齿状。其实，这些都是内心不安的表现。如果对方出现这些动作，你可以选择先安抚对方，让对方感觉到安全。

简而言之，手势往往直接反映一个人的心理。在你要接对方话语或者查看对方反应的时候，要多多观察对方的手势动作，争取正确的表情达意，完成沟通。

第十一章 破译肢体语言里暗含的语言密码

第十二章
为什么男人听不懂女人说话呢

1. 女人说分手其实是为了想被挽留

让很多男性同胞头疼的是，女朋友总是出其不意地提出分手，昨天不是还好好的吗，怎么这么快就变脸了？

当女人提出分手时，男人可能会觉得非常愤怒：我并没有做错什么呀，难道是她有了新欢要抛弃我？他气恼女人的绝情，甚至怒不可遏地大声质问她。女人不做解释，愤然转身离去，男人看着她的背影也负气离开，从始至终没有说一句挽留的话。

女人一路上不敢走得太快，她一直期待男人会跑上来，拉着她的手说声："好了宝贝，别闹了，跟我回去！"可是却一直等不到那句挽留的声音，爱情就这样夭折了！

其实很多时候，女人说分手，只是为了得到你的挽留，尤其是在你们处在相爱阶段的时候。

女人说分手的时候，只是想要确定男人是不是还很在乎她，其实她们最怕的就是男人真的离去。她在说分手的时候很期待男人的挽留，你要让她明白你是舍不得她走的。女人对你说分手，或许是你的一些微妙变化让她不再肯定你是否还那样爱她，她这是在拿分手做赌注，如果你没有任何的挽留，那么她会觉得你是真的不再爱她了！当分手成了事实，女人在一边伤心落泪，男人却仍然在纠结：她到底为什么要跟我分手？

很多时候女人说分手，并不是因为她不爱你了。恰恰相反，她就是因为太爱你、太在乎你，所以你的一些细微的变化也会让她感到恐慌和不安。她只是想确定你是否还爱着她！她说分手无非是想要得到你的挽留，以此确定你还是爱她的！

然而大多数男人并不清楚女人这些"一厢情愿"的想法，他们默默看着自己心爱的女人离去，即使不舍也没有去挽留，最终造成了不可挽回的结局。

女人说分手也有可能是真的想分手，这就看你们是不是相处得真的有那么不融洽，或者心中根本就享受不到想象中的甜蜜感了。

但是大多数时候，女人说分手，男人都不可太当真。如果能好好地把握住分手的那一刹，往往还是会有一个美好的结局。

女人往往把分手当成某种威胁或试探的手段，以此确认男人到底有多爱自己。又或者是你最近对她关注太少，让她觉得很无聊，所以就用"分手"来引起你的注意。她把"分手"挂在嘴边，就是想告诉你："你要是不好好对我，我可是随时会走掉的哦！"

女人哀怨男人为何总是不明白自己的心思，男人也搞不懂，女人为什么总喜欢玩声东击西的把戏。他们对这些虚情假意的伎俩和胡乱叫嚷着分手的游戏毫无兴致。在男人看来，分手就是"当断则断"，想要挽回，似乎不大可能。

《老友记》里有这样一则有趣的故事：

罗斯喜欢干涉瑞秋的工作，有一次瑞秋对罗斯的干涉非常气愤，为了赶他走就大声地威胁要跟罗斯分手。罗斯摔门而去，当晚就去找了另一个姑娘。

第二天早上，瑞秋气消了，就跑来敲罗斯家的门，对她说："我们依然是离不开对方的，对吧？"

瑞秋后来知道了罗斯那天晚上对自己的背叛，他对罗斯的行为大为失望，两人就真的分手了。虽然之后他们仍然想过复合，但是瑞秋坚持说罗斯背叛了自己，罗斯却坚持认为他们当时已经分手了，他有单身自由。两人对"当时是否分手"这一问题争执不下，复合也就告吹了。

女人认为，她刚说分手你就跑去寻欢作乐，这是你一点都不珍惜她的表现，分手的建议你那么快就答应了，是不是正中你下怀呢？但是男人却觉得，被女人甩本身已经够耻辱了，难道还非得让我卑躬屈膝地去求她吗？

如果男女双方都有吵架的趋势，你最好保持沉默，可以先去洗个澡。缓解一下紧张的气氛，等你回来时你会发现，她的情绪也没有刚才那么激动了。

对待女人说分手，男人千万不要太当真，因为十有八九这些"分手建议"都只不过是一时的气话或者是对你的试探。面对女友提出分手时，如果你一时实在不知道该如何应对，不妨采取以退为进的方法，先找借口岔开话题，比如说："你渴吗？我们先去买瓶水吧。"这样也可以打断对方的负面情绪，回来再稍微说一两句好话哄哄她，分手也就不了了之了，有时她甚至会笑着说："我刚才只不过是跟你开个玩笑。"

2. 她撒娇是因为喜欢你，你知道吗

很多男人不明白：在别人面前她一直都是很冷漠的呀，为什么总爱对我撒娇呢？

撒娇也是女性传达自己好感的方式之一，因为她觉得你可以依赖才会对你任性撒娇。如果一个女人对一个男人偶尔无缘无故地就会发火、生他的气却很快就忘了自己为什么生气，而且还时常对他撒娇，这些足以表明她是喜欢他的。都说女孩的性格像猫，她在撒娇的时候无非是想要得到你的安慰。

很多男性朋友表示，同女友相处真是一件令人头疼的事，嘴上那样说，可是心里的想法让人怎么也猜不透，一不小心就惹她生气了。其实，只要了解了女人的说话方式和心理活动规律，你会发现，跟她们相处一点儿都不难。

女人向你撒娇，甚至有时候你会觉得她是在无理取闹，但是这个时候你千万不能气恼跟女孩相处绝对不能死心眼，如果你真心爱她，就要善解人意地与其呼应，了解她的心思，可以逗她玩，但是不能让她跟你斗气。

女性在公共场合往往是讲理的、温和的，但是一到心爱的男人面前往往表现得不可理喻。女人在喜欢的男人面前很容易变得孩子气，喜欢撒娇。从心理学角度来说，"爱"容易使女人变得不理性，女性在心爱的男人面前不合常理的表现也是她们与生俱来的本能。明白了这一点，男人会不会用更平和、宽厚的心态来对待女人的种种撒娇呢？

女人在家跟自己的丈夫说话时，大多喜欢"正话反说"，当她骂你死鬼、坏蛋甚至流氓、杀千刀的时，你不必当真也不要生气，因为她绝对不会对一个无关紧要的人骂出这样的话。这就是人们常说的"打是疼骂是爱"。

女友打来电话，明明都知道对方是谁，可是她却偏偏喜欢把第一句的打招呼唤作撒娇："猜猜我是谁?"如果你直接回答她的名字，她虽然不会生气，但是会觉得很没意思。这时，你不妨也逗一逗她："哦，你不就是林青霞吗？哦，不是啊？那你是张曼玉？"这最多会换来她的一句娇嗔"你想得倒美，还在梦游吧。"这里需要注意的是，你千万不能随便说一个你的某个女同学或者女同事的名字，不然她刚刚还撒娇的语气立马就会变成质问："她是谁?"

"本能的撒娇还好，智慧型的撒娇就很可怕了!"这是《中国式离婚》里的一句经典台词。懂得智慧型撒娇的女人，无论是智商还是情商都非平常女子可比。女人都会撒娇，运用得当的话撒娇还可以成为夫妻之间恩爱美满的"添加剂"。

李大娘的老伴很早就去世了，她一个人含辛茹苦地把两个儿子拉扯大。去年两个儿子又先后都娶了媳妇，李大娘心里乐开了花。苦日子终于熬到了头。

谁知，结婚后的两个儿子却没有让老人家省心。

因为大儿子结婚早，李大娘就在大儿子家里住下了。大儿子打小就性如烈火，大儿媳妇的性格也是"刚硬而刻板"。夫妻之间经常互不相让，每次都是越吵越凶。

夫妇二人感情渐伤，双方都觉得各自容不下对方，最后只好离婚了。

大儿子离婚后，李大娘又搬到二儿子家里住。她对二儿子的婚姻也是忧心忡忡，因为她知道，自己这个二儿子的脾气可不比他哥哥好多少，遇事总是喜欢吹胡子瞪眼，急了还爱抢拳头。

李大娘随时准备着去调解"战争"，她每天都密切注意着这对年轻夫妻。

有一天，不知为什么事，李大娘听到二儿子正扯着嗓子对妻子大声呵斥，就立即闯进了小两口的房间。

李大娘看到二儿子黑着脸，连拳头都高高举起来了。正想训斥他，却听见二儿媳冲着丈夫娇滴滴地说："打是亲，骂是爱。你打吧，不过一定要得轻点呀，我怕疼。"脸上还挂着柔情蜜意的笑容，这下二儿子不但收回了自己高举的拳头，还被逗得不好意思地嘿嘿一笑。

智慧型的撒娇是一种比较深刻的"娇"，男人往往无法做出正确的判断，更不懂它的真正动机，比如故意讽刺挖苦你，用一些夸张的语言来刺激你，她其实也是在撒娇，你大可不必生气或者不耐烦，你此刻只需要哄哄她、给她安慰，并且像挖宝藏一样去领略他的这些"阴谋"的可爱之处。

女人可能会以怕黑、怕冷等传统弱性诉求的方式，以获得丈夫甜言蜜语的安慰或鼓励。但是她有时也会有更大的目的，比如为了左右丈夫的决定、掏空他的腰包等。所以，男人不仅要重视、看懂女人的智慧型撒娇，也提高警惕，以免事后让自己后悔莫及。

3. 女人抱怨，不是为了解决问题，而是为了倾诉

不管恋人还是相伴多年的夫妻，女人的抱怨永远是一个让男人无奈的话题。抱怨是女人的天性，唠叨起来甚至没完没了。女人的抱怨，处理不好往往会造成比较严重的后果，你知道如何巧妙应对女人的抱怨吗？

有时候女人抱怨，并不是为了解决问题，这时候，男人如果给她的抱怨提出解决问题的方法，那只会引起她的反感。例如，女人说："堵车真烦人！"男人听后说："那你为什么不走另外一条路呢？"这样回答的男人往往会收到女人的白眼。如果你回答："你应该早点出门！"那么你已经成功地引起了她的怒气。面对这种情况，聪明的男人说："是啊，真烦！"这个答案很符合她的心意，如果再接着说一句"我们一会儿去吃好吃的吧，然后再给你挑几件漂亮衣服怎么样？"更会令她心花怒放。当女人向你抱怨时，她只是希望得到你的认同，你只需要顺着她的话附和几句就可以了。

聪明的男人在遇到女人的抱怨的时候，要先琢磨一下，她的抱怨是否属于一种倾诉或者撒娇呢？在很多时候女人的抱怨也是一种潜在的撒娇方式。当女人对丈夫抱怨说自己做饭如何辛苦，很多时候只是想听到丈夫的夸赞和对她劳动成果的认同，而并不是真的不想再做饭。如果你说一句："老婆辛苦啦！你做的饭是最好吃的！"相信她会很满意。如果女人向你抱怨说与同事之间发生了什么矛盾，她只是想听你一句安慰，而不是让你去评论谁对谁错，"你受委屈啦！"是她乐于接受的答案。

男人一定要先识得老婆或女友的抱怨是否在撒娇，适当给予安慰、赞美的安抚，不管原来她有多大火，都会被甜言蜜语给浇灭了。

女人很在意男人是不是把自己的话都听进去了，她更怕他对自己有二心，他希望男人对她发出的身体语言也要做出正确的回应。如果她一下班回家就踢高跟鞋、摔手提包、扔抱枕，然后开始说某某如何小人得志或者是上司怎么偏心不公。这个时候，你既不能反驳，也不必认真献策，只要说一句："我懂，没想到你在外面受了这么大委屈，来，先喝杯水消消气！"其实，这正是她想要的民意的支持与家人的同心。

如果妻子正在厨房里忙碌，你却优哉游哉地坐在沙发上看电视，她一会儿埋怨煤气太小抽油烟机太吵，一会儿又说厨房自己一天不收拾就没法进了，一会儿又抱怨说孩子捣乱耽误事……她的目的不是抱怨，而是需要你及时回应，上前帮她捶捶，说一声："老婆太辛苦了，我来帮你吧！"最终，她还是笑着把你推出厨房，一个人在那里忙碌。其实，女人要的无非就是被关怀、被重视的感觉。

如果女人在抱怨之时已经怒火冲天，男人如果正面顶撞只会火上浇油，最终引火烧身，得不偿失。聪明的男人在这个时候就要学会"和稀泥"，对她的抱怨随声附和、主动承认自己的错误，就算你是被冤枉的，也要等到女人气消了再去解释。因为人在气头上根本就没有什么理智可言，那些尖锐逆耳的话也未必出于真心。其实，稍有智慧的女人，在发完牢骚和抱怨之后，也会反思自己的行为。你可以趁她高兴的时候再对她说："亲爱的，你看那天真的是错怪我了。"面对她怒气冲天的抱怨，如果你实在想不到什么好的招数，那就直接说："亲爱的，我投降！"然后举起双手，做出投降的姿势，当然这个姿势越幽默滑稽越好。

男人还要明白一点，她抱怨你是源于她对你的爱。当女人不再对你抱怨的时候，那你们的感情也差不多走到了尽头。吵架拌嘴也是夫妻间的一种交流和沟通方式，甚至有人说："当夫妻之间连抱怨、矛盾、吵架这些都没有了的话，那只能说明他们之间的感情也没有了。"抱怨是吵架的前奏，当抱怨不被理解时，矛盾就演变成了吵架甚至打架。因此，当女人刚刚开始抱怨时，一定要及早发现、及时解决。

抱怨也是女性的一种抒情方式，女人有一点小情绪就会发泄出来，所以一般女人比男人长寿。女人向自己的男人诉说困难，并非是要他帮助自己解决实际问题，她只是想借由这种分享、沟通与讨论的方式，以确定彼此的亲密关系和强化爱情的安全感。

4. 为何女人都爱唠叨

有人说：女人唠叨，就像天空会下雨一样，是很自然的事。女人的唠叨更确切地说是一种倾诉。而且女人倾诉就像一座迷宫，可以随便从哪里谈起并结束。这是让男人比较头疼的。

男人和女人在对待问题和压力的态度上有很大的差别。男人面对问题时，往往变得沉默寡言，把自己的精神和意志高度集中在解决问题之上。而女人在面临巨大的压力时，第一反应就是找到一个忠实的倾听者，然后把自己的脆弱和无助完全展示出来。

因此，女人很快就让自己的情感得到释放，卸下心理包袱，这也是女人不容易意志消沉的原因。唠叨是女人的一种交流模式，有时候唠叨也可以作为女人表达爱意的一种方式。如果男人拒绝聆听，女人会觉得深受打击，甚至觉得"他已经不爱我了"。女人往往凭自己的感觉和感知做事，她们喜欢感性思维，而非理性思考。女人的唠叨也并非没有原则的，她们不会对不喜欢的人唠叨。所以在很多公开场合女人往往显得"不太爱说话"，但是一回到家里，对着自己的家人却能说个不停，唠叨起来没完没了。

当一个好的听众是应对女人唠叨最好的方法，对女人的唠叨要尽量少评论或者干脆不评论。如果哪天女人突然不愿意唠叨了，你就要注意了，一定是彼此之间有什么不对劲或出现问题了。对女人的唠叨，千万不能有丝毫的不耐烦，更不能随意打断，你只要注意倾听，必要时随声附和就行了。

男人讨厌女人的唠叨，很多时候也是大男子主义的一种表现。男人觉得女人说来说去的那些事他们都已经很清楚了，女人唠叨的事情在他们看来没有任何实际意义。唠叨是女人的一种本能。男人对此一定要多一些理解和支持，少一些误解和埋怨。"爱有多少，唠叨就有多少。"她愿意对你唠叨，就代表了她对你的关心和信任，对于那些不相干的人，她才不愿意花费力气去唠叨呢。希望男人能好好珍惜而不应该忽视女人的唠叨。

如果你爱她，就必须学会接受她的唠叨。女人是生活在语言里的，女人在说一件事时，常常会联想到很多事，她们的唠叨有时候是对以前美好事物的回忆。很多时候，女人的抱怨也是实现自我价值的方式之一，因为她们只是突出自己，而不是指责对方。

作为倾听者的男人对女人的唠叨要表示出极大的耐心。喜欢唠叨的女人往往工作和家庭中做的事也多，她们只是唠叨几句，以便为自己找到心理的平衡点。既然女人能把她一切的一切都交付给你，你耐心听她唠叨几句又有什么大不了的？

心理学家认为，唠叨可以帮助女人释放不良情绪，有助于女人健康。为了你心爱的女人的健康着想，也请你对她的唠叨多多宽容吧。

对女人来说，也要尽量减少给对方造成"唠叨"感觉的沟通方式，因为很多时候，男人都是害怕女人唠叨的。因为男人觉得女人太唠叨就是在暗示他们权力低落、能力不足或者是让女人过得不够幸福。他们认为只有权力高的一方能命令权力低的一方。他们觉得自己做事能分得清轻重缓急，所以一听到女人这样那样的"指示"，就觉得她摆明了不信任我的能力。女人认为自己只是想要跟他分享心事，但是男人往往会理解为"你在怪我不能让你幸福，要不你哪来这么多的苦？"自己为了这个家也是任劳任怨，到头来你还抱怨我让你觉得不幸福……他怎么会不感到沮丧呢。

有时候，女人只需要稍微改变一下自己说话的方式，就能大大减少男人对你的"唠叨"的反感。先告诉他："我并没有要怪你的意思，我只想跟你分享一下我的心情。"这样一开始就说出了自己的目的，他就不会觉得你是在怪罪他而不愿意听你的唠叨了。当男人刚下班回到家里，你就开始你的长篇大论，会是一个非常不明智的选择。你不妨先对他说："我知道你今天辛苦了，先好好休息一下吧，等吃过晚饭，我想跟你讨论一些事。"相信休息后的他就有足够的情绪和能量来照顾你的心情。想要男人不排斥你的批评，你可以把"怎么说你都当耳边风？"换成"我觉得有些不受重视"。

女人只有掌握了这些沟通的技巧，才能让男人开开心心地享受你的唠叨。

5. 如何应对爱说"随便"的女人

"随便。"这是一句女人经常用到的口头禅，这也是约会中特别是第一次约会中男人最怕女人说的话。因为对女人的性格和爱好完全不了解，男人不知道怎样才能投其所好，女人说"随便"，可算是给男人出了一个大大的难题。为什么女人总喜欢说"随便"二字呢？这主要是由女人天性需要依靠所决定的。女人有时候很难做出有主见性的决定，同时也是为了考验男人能否揣摩出自己的心思来判断他对自己是否是真心的。

有一对青年男女相约共进晚餐，下面是一段他们关于晚餐究竟吃什么的讨论：

男人：你晚上想吃什么？

女人：随便。

男人：吃火锅吧。

女人：不行，吃火锅上火，脸上容易长痘痘。

男人：那吃川菜好吗？

女人：昨天刚吃的川菜，今天又吃……

男人：那吃海鲜行吗？

女人：海鲜不好，吃了容易拉肚子。

男人：那你说你想吃什么？

女人：随便。

男人：你……

这时候，男人气得抓狂，明明是她说随便的，结果却是这也不行，那也不行，她到底想怎样？很多男人听到女人说"随便吃什么都可以"时，就真的认为她对吃什么无所谓，其实她说随便，是希望你可以根据她平常的喜好自己做出判断，大多数时候她自己也没有什么想法，所以希望你可以帮她做决定。女人回答说随便，很有可能是考察你究竟有没有留心过她日常生活中的喜好。她最想要的就是有她喜欢的美食和你的陪伴。

女人都是感性的动物。很多时候，女人喜欢对美食说"随便"，那是因为在她眼里吃什么并不是十分重要，她更看重的是陪她吃饭的对象。发出邀请的男人才是她心中的第一道主菜，如果这道主菜不合她的胃口，其他的美食再诱人也不能令她提起兴致。当然如果这道主菜是令她心驰神往的，就算你要带她去喝西北风，她也会欣然前往。

在这一点上，男人不妨学习一下加菲猫，哪怕是西北风，你也要把它描述成难得一见的亮丽风景。你可以说："这股风是来自西伯利亚的纯净冷空气，仔细闻一下，还带着白桦林独特的清香呢……"虽然很多人对此感到不屑，"浪漫又不能当饭吃"，说得也没错，但是没有女人不喜欢浪漫，很多时候她会觉得享受浪漫比享受美食更加重要，当然了，这需要在她不是很饿的前提下。如果把享受美食和享受浪漫结合起来，那就再好不过了。

所以，当女人说"随便"时，男人一定要好好把握这个机会，在语言的烘托下，一顿普普通通的家常便饭也能成为一顿浪漫大餐。如果你要请她吃饭，直接告诉她说："我带你到一个奇妙的地方去。"不用过多征询她的意见，她会满怀期待地乖乖地跟你走。

女人说"随便"的时候，也是男人体现自己存在价值的时候——她的犹豫不决正是需要你替她做出决定。

在一些交往时间不长的情侣之间，女人经常说随便时，不理解的男人可能会认为女人这是不愿意搭理他，其实也不完全是这样，很多时候女人都喜欢男人说、自己听，她希望对方比她有主见。当男人建议说要挂电话时，女人说了"随便"，这时就表示她还不想要挂电话，如果你有时间的话，不妨再和她多聊几句。当男人问女人："你想要什么生日礼物"，她回答说"随便"，你千万不要误以为是她什么都不想要，她要表达的意思是"只要是你送的我都会喜欢"。如果你问她想要去哪里玩，她说"随便"。意思是只要你陪着她去哪里都一样。

也有一些男人认为，女人跟他之间的感情基础已经很牢固了，对她说"随便"时也懒得费尽心思去猜了，听到"随便"时就真的随便了，这样往往会让女人感到自己备受冷落，两人感情的裂痕也会慢慢出现。当女人问：在干吗呢？其实她真正想知道的是你有没有想她。如果你只是简单地回答

"没干什么啊",女人一般就会自动翻译为"我一点都没想你"。如果你回答说"在想你呢",她的心里就会觉得甜滋滋的。

都说"女人心,海底针"。当女人对你说"随便"时,你可千万不能马虎。女人说"随便",可以表达出几种不同的含义,一种是表示尊重,她愿意把主动权交给对方并遵从对方的意愿,也有可能是她不愿动脑或者担负责任的推诿之词。另一种是表示厌烦,"随便你说什么"就是她已经对你的话不耐烦了,想要尽快结束谈话。也有可能是心有不满或异议,但是又不想争论或者是不知从何说起,于是就干脆弃权。

6. 女人为什么喜欢正话反说

女人说话喜欢"拐弯抹角",尤其是跟男人打交道的时候,她们一般不会直来直往。在跟男人交谈的时候,她们往往喜欢正话反说,其字面意义往往并不是她想表达的实际意思。因此不管她说的是什么,男人们都要保持冷静,认真分析其中的含义。有时候不小心理解错了她的意思,那后果就不堪设想了!

女人的正话反说也让每个男人都头疼不已。有些男人甚至说:女人的话就像天书一样,永远有解不开的谜题。女人最擅长说反话,可是很多男人又弄不懂女人的反话。喜欢的偏要说成讨厌,等他电话的时候偏要说自己没等,非要把愿意说成不愿意,明明想要解释清楚到了嘴边却变成了"我们之间没什么好说的",明明想要收到礼物,却偏偏说"都老夫老妻了,还送什么情人节礼物"。

反话是女人的拿手好戏,但是也不是任何人都用,对于那些她们不愿意过多交谈的人,她们更愿意直来直往,女人的反话大多喜欢说给自己心爱的人听,如果男人听不懂她的反话,就只能永远被女人的反话摆布。

那么女人到底为什么喜欢说反话呢?

其一,女人的思维是曲线的,这和大多数男人的直来直去完全不同,有人甚至用千回百转、九曲十八弯来形容女人的心思。而且女人的思维跳跃性很强,因此也无理可循。她们说话总喜欢让男人来猜,于是她们就正话反说，以此试探男人是否关注或了解自己、明白自己的真实想法。男人千万不能用自己的思维方式来衡量女人的想法，对于女人说的反话不可太当真。

其二，女人说反话有时是为了引起男人的注意，每个女人都希望自己心爱的人可以时刻关注自己生活中的点点滴滴，包括她们每天的妆容、穿过的每一件衣服和配饰，深知自己的每个表情和说过的话。如果男人哪天忽略了其中的某个点，那她们就会用反话来刺激男人，让他迅速地向自己看齐。

其三，当一个男人让女人感到失望了，她也会用正话反说的方式来表现自己的恨铁不成钢。她咬牙切齿地说出严重的话，想要激励他朝更高的目标奋进，或者至少也要改掉某些坏毛病。如果这时男人不能理解女人的良苦用心，认为女人这是责怪自己、看不起自己，甚至还会自暴自弃。辜负了她的好意。

其四，女人喜欢以正话反说的方式，来试探一个男人对她有没有好感。女人跟男人表达感情最大的不同是，当男人喜欢一个女人的时候，不管对方喜不喜欢自己，他都会单刀直入地直接表白。而女人却往往希望在表白之前弄清楚男人的想法，于是她就会说一些言不由衷的反话来试探男人对自己的看法，她常用"听说你喜欢那谁，是真的吗？""你一定很讨厌我吧"等，这些都是她们想要表白的前奏。如果男人做出肯定的回答，女人的表白计划便只好搁浅了。

还有一个原因就是，女人希望通过反话，看男人的反应来确定男人是不是还爱着她。不少男性同胞反映，自己的妻子或者女朋友经常把分手、离婚之类的话挂在嘴边。其实很多时候，女人这样就是想让男人紧张一下，从而引起男人对自己的重视。她是在怀恋曾经男人说爱她时的柔情蜜意，想听男人亲口多说几句"我依然爱你"。

有时候女人也会因为无聊，或者为了自己的面子而说一些口不由心的反话，不排除有些女人把说话当成人生趣味，不管你愿不愿意听，她直管自己说反话，男人这个时候不能认真，想要堵住她的嘴就给她找点儿事情做。女人和男人一样，都有自己的"面子"，女人骄傲起来比男人更甚。或许很多男人对此都深有感触：两个人吵架的时候，明明是她不讲理，却死不认错。急了还会讲出一些伤人的反话。男人对此也要多多包容，等她气消了，自然会回过头来向你道歉。

女人在生理期的时候，很容易心情烦躁，有时候看到什么都想用反话来发泄一下，这个时候男人对她的无理取闹要多多体谅，这毕竟只是偶尔的情况，不会天天都有。顺从她的心意，如果这样可以缓解她的烦躁情绪，就让她发泄一下又何妨呢？

7. 相信女人说她不在乎你和她的故事？你完蛋了

有一部分男人认为，女人想要知道他的过去是为了更好地了解他，于是就把自己以前的那些陈芝麻烂谷子的事全倒出来了。如果你之前没有过"前科"还好，如果有"前科"，还毫不避讳地大讲特讲你的"光辉历史"，那结果往往是悲剧。

女友说："给我讲讲你和她的故事吧，你放心，我不会生气的。"如果你轻易地就相信这句了，只能说明你太高估女人的"容人之量"了。

男人要记住一点：天下没有不会吃醋的女人。当聪明的男人遇到这样的问题时，只用一句"那些都是过去的事了，不提也罢，你对我来说才是最重要的"。这样的回答，既避免了她的继续追问，又让她明白了你的心意，她高兴还来不及呢，更不会有心思计较你的隐瞒了。

"其实，我觉得你应该有自己的红颜知己，你说对吗？"当女人说出这句话，男人千万不要认为这是她在鼓励你找什么"红颜知己"。如果你回答说："嗯，你说得太对了"，那么你已经大祸临头了。事实上，她永远希望除了她自己以外，你离所有的女人远远的。这样她才有安全感。如果真有别的女人——不管是同学还是同事给你打电话或者发短信的时候，她会比谁都上心。当女人这样说的时候，就已经是在提醒你：你跟别的女人走得太近了，如果你仍然我行我素、不知悔改，那就别怪我不客气了。

聪明的男人还要想清楚：女人让你"自己看着办"，是真的尊重你的决定吗？

在夫妻或者情侣为一件事情争论不休的时候，女人撂下一句"你自己看着办吧"。面对这个问题，男人该如何应对？真的就"自己看着办"吗？

一些男人认为：既然她已经说了让自己看着办，那不就是表示她很尊重我的想法，让我自己决定、按照自己的想法行动吗？但是多数聪明的男人却明白：在女人口的"看着办"是个不折不扣的否定词，只要自己再往前迈一步就是"悲剧的地狱"。所以，当女人说"自己看着办"时，男人们还是小心为妙吧。

　　当男人对女人说："我跟哥们喝酒去，就不陪你了！"如果女人回答说："你自己看着办！"你明明知道这句话是个陷阱，如果你真的潇洒离开，那后果一定会很严重，可是一边是心爱的女人，另一边是自己相交多年的好友，真的很难取舍。如果你真的想去，也不是不可以，只是要先做好她的安抚工作。

　　如果她说"随你便好了"男人千万别真的以为她是妥协了，暂时停止跟你的理论只不过是一时还没找到合适的理由来反驳你，此时若你真的自行其是，难免会招来她的雷霆大怒。如果事态严重的话，甚至会让她对你心灰意冷。切忌在她不和你争论后就自鸣得意，你要警惕：会不会更糟糕的事情就要发生了？

　　约会迟到，是很多女人的习惯。你打电话催她，她会让你"等我几分钟就好"。那么真的等几分钟她就会到吗？

　　只有一少部分男人认为她说就晚一小会儿，那应该一会儿就该到了，女人没那么不守时吧。如果她真的是说到做到了，那作为男人就一定要知足啊，虽然最后还是迟到了，但是请相信她已经节省了不少时间了。

　　恋爱的时候，你在她家楼下等她，"等我几分钟就好了"她常常会这样对你说，但是你可别天真地以为这是个准数，因为在这段时间里，她可能会洗澡、挑选衣服、化妆，她觉得让你多等一会儿是理所当然的事，所以你也不必向她做无用的抱怨。你不必把她说的"几分钟"太过理想化了，劝你还是做好心理准备慢慢等吧。

　　很多男人都表示：他们的实际等待时间往往超出女人承诺时间的几倍甚至几十倍！男人即使是等得很不耐烦，也不好对自己的女朋友发火。她说让你等几分钟，请自动翻译成"慢慢等吧，不要着急，我还有很多事要做"。聪明的男人就会选择一个干净的地方坐下来，或者干脆回去睡一觉再来。

　　当然了，不守时是女人一个很不好的习惯，如果遇上性格急躁的男人，让他等一次两次还勉强可以接受，次数一多他就会气愤得甩手走人。女人也不要以为男人会一直迁就自己，一直让他等很长时间，他也终会有厌烦的一天。

第十三章
揭秘男人在恋爱中的潜台词

1. 我们现在挺好的——男人为何迟迟不肯向你求婚

电影中英俊富有的白马王子浪漫而深情的求婚镜头，让很多女人无比向往。而你身边的他或许没有那样帅气的样貌，口袋里也没有大把的钞票，但是在爱情里，这些都显得没有那么重要了。谈了几年的恋爱，也该到结婚的时候了，可是你的那个他却迟迟不肯向你求婚，当你等得不耐烦，质问他原因时，他回答你"我们现在不是挺好的吗"，男人说出这句话的意思就是"我不想结婚！"为什么男人不想结婚呢？难道是两个人的感情出现问题了吗？其实也不尽然。

很多时候，男人并不是不想结婚，而是觉得时机未到。"我们现在挺好的"这句话在现实生活中常听到。这是很多男人不愿意结婚的托词。"挺好的"意思就是感觉现在的生活方式没什么不好，不想改变，也害怕改变。他们觉得一旦结了婚自己就不自由了，结婚就意味着自己的私人空间将完全被霸占。

孙果研究生刚刚毕业，说起求婚，他觉得现在对他来说就是"天方夜谭"："求婚？开什么玩笑！我们只不过交往了一年而已，离谈婚论嫁还早吧。我今年才26岁，不想这么早就结婚，男人三十而立，我觉得还是过几年结婚比较好，如果那时候她还是我女朋友的话，再谈求婚也不迟。"

陆宇说起求婚却是忧心忡忡："唉，我不是不想结婚！可是结婚太麻烦了，不说房子、车子，只拍结婚照、办喜酒、度蜜月也要一大笔开销，不敢说这是一辈子一次的大事，但毕竟也是人生头一次，谁不想风风光光把老婆娶进门？可是自己现在要啥没啥，不论物质上还是精神上都没准备好。现在求婚，我觉得底气不足。"

男人不想结婚，原因有很多。很多人一想到结婚就觉得头疼，筹备婚礼、置办酒席、拍摄婚纱照、注册日期、各种礼仪、蜜月旅行等。这些事情不仅要花费很多时间，还会花费大量的金钱。当他没有足够的经济能力来支付这些时，他是不会轻举妄动的。这也是男人迟迟不愿意结婚的原因之一。

也有些男人喜欢过洒脱的生活，他们不喜欢受到任何的束缚，也不希望处理那些琐碎又麻烦的事。他们认为婚姻就是一个铁笼，结婚之后会受到老婆的管束。例如，结婚前想玩到几点就玩到几点，结婚后每天必须按时回家，结婚前天南地北地跑也没有关系，结婚后甚至连与朋友到酒吧聊天也不被批准。对于这些崇尚自由的人来说，婚姻生活就是噩梦。

男人不想结婚，也有可能是因为觉得现在的女朋友并不是他合适的结婚对象，其实在他的心目中对结婚的对象有一个定位，如果未能达到他心目中适合的对象，他们就不愿意主动提出结婚的要求。

懦弱也是很多男人不愿意结婚的原因。结婚意味着承诺，而他们害怕承诺，更怕为自己的承诺负责任。结了婚就意味着要一辈子对她好。他们觉得这个承诺就像一根枷锁，把自己困住了。而他们并不想这么快就要被这个承诺束缚一辈子。

花心也算是男人不想过早结婚的原因之一，花心的男人想要有很多的女朋友，但是妻子却只能有一个。他们不愿意放弃"整座森林"而进入"婚姻的坟墓"。

还有一部分男人是觉得结婚对自己来说压力太大了，他们认为恋爱只是两人的事，而结婚是两个家庭的事。恋爱的时候不看家境，只重感觉，不看存款，两个人做月光族都可以。可是结婚还要看双方是否门当户对，还要存钱赡养老人、养育孩子。恋爱时你不用负担的东西，结婚后都要担负。

另外，由于现在社会离婚率高，造成人们对婚姻信任的缺失；由于生活习惯，不愿意改变自己目前的生活方式；由于工作压力大，思想准备不足这些也都是男人不愿意结婚的原因。

以上的理由如果都不符合你的男朋友不向你求婚的缘由，那么只有一个答案：就是他根本就不爱你，所以才不愿意跟你结婚。现在也有一些男人对感情抱着玩玩的态度，根本就不愿意承担婚姻的责任。如果一个男人足够爱你，那么他会比你更紧张，比你更希望早日走进婚姻的殿堂。

所以，当你向你的男朋友谈论到结婚时，如果他回答"我们现在挺好的"，你一定要留心究竟是哪种原因，这样才可以对症下药。

2. 如何解读男人的口是心非

男人总是笑话女人喜欢口是心非，其实他们才是喜欢说一套做一套，表里不一的熟手。有时你会觉得他们笨得连句恭维的情话都说不好，脱口而出的都是未经大脑过滤的大直话。其实你不知道的是，他们比你想象的更加会伪装自己，他们所说的很多话都是终端神经做过迅速处理后所反应出来的假信息。

无论男人内心多么汹涌澎湃，他们都不会把内心深处的感觉轻易在女人面前表露。既然他们不愿意直接和我们分享心理活动，没关系，我们可以自己去解答他们内心的秘密、解读他们的口是心非。

当他说："你刚才想说什么来着?"其实他内心的真实想法是，天啊，你还有完没完，我真想在耳朵里塞两团棉花。男人不喜欢听那些鸡毛蒜皮的唠哩唠叨，下面是一个女孩子给他的男朋友打电话的内容：

女：亲爱的，你今天过得怎样？

男：还好。

女：你在干吗呀？

男：没干吗。

女：那你猜我在干吗？

男：听说你住那条街今天有家火锅店新开业，咱们中午去那吃饭吧，还有啊……对了，你刚才想说什么来着？

在电话缠绵中突然打岔说明你的唠叨让他感觉乏味，但是也不要觉得他打断你就是对你的不尊重，或许你还会觉得他这是自私或者是对你失去了兴趣。其实他这样的打岔他并无恶意，只是希望你不要再问一些无聊问题。如果你净说些无关痛痒的话，他只会觉得你是没话找话，哪还会有什么"甜言蜜语"之感呢？

当男人说："我正打算跟你说呢。"其实是"要不是你已经知道了，我才不打算跟你说呢。"男人总是希望自己有足够的钱由自己支配，但是家庭的责任对于他们而言还是重于自己的私欲的，所以他们不会说出自己自私的想法。

这是家庭最常见的对白。当女人问男人："你们公司今天发了奖金吧？"男人往往会回答："嗯，我正打算跟你说呢，你怎么知道的？"很多女人这时候的反应是，看来他也没想瞒我。可是很多时候女人想不到的是，男人真实的想法是，本来还打算把这些钱留作私房钱，没想到这么快就被发现了！还好她不知道我的真实想法，不然又要被唠叨个没完了。

如去参加朋友的生日宴会钱，女友搬出一堆性感晚装试穿。她会征询旁边男友的意见："你说我穿什么好呢？"男友回答说："你穿什么都漂亮。"女友拿出一件黑色低胸，问道："那这件怎么样？"男友无奈地摇头。"这件镂空的呢？"女友问。男友这时赶紧回答"我觉得还是第一件最好。"当他说："还是第一件最好。"其实他是在内心很不满地说："你就不能穿布料多点的吗？"他希望你美丽、性感，但是他不希望跟别人分享这些。

女人还以为男友真的为自己做了个最好的选择，至少得到了他的认同。其实男人并不希望自己的女友在宴会上被其他的男人赞扬。如果他急于离开会场并开始抱怨，说明他真的是有点抓狂了。

当男人说："这个发型很适合你。"其实他想说的是："其实也就一般般。"只是怕你生气而已。得到了他的认可，或许女人的心里多了些欣然。还好在理发店的钱没有白花。

如果你的新造型的确很漂亮，得到他的赞美也是理所应当的。但是转变后还不如从前，他不会自讨没趣地说出实话。直到有一天，你自己不满自己的新造型，他才敢把自己当初的真实想法说出来。

如果他说："只要你能买到喜欢的东西就好。"这说明他其实已经不耐烦了。心里想着"你还要逛多久啊，我看你是买不到了"，他不理解，为何你把整条街都逛了个遍，最终还是买不到东西。

约会时，你迟到了，他会说："没等多久，就一会儿。"他心里在想："让我等了这么长时间，鸡都能孵出蛋了。"如果说就等了一会儿，那就是差不多有一个钟头了。他们已经习惯了女人约会爱迟到的毛病，如果为了女友迟到的问题而发出抱怨，很可能会得不偿失。

我们要对他们的口是心非表示理解。因为很多时候，他的口不由心只是不想惹你生气。

3. 对你的过去刨根问底
——男人的嫉妒心不亚于女人

"我们认识以前,你不是曾经爱过一个男人吗?他长得怎么样?是做什么工作的?那是什么时候的事?你后来为什么又和他分手了?"你的男朋友是不是也问过你这些问题?

男性打破砂锅问到底的精神,令很多女性也甘拜下风。进入恋爱关系以后,男性总是想尽办法要套出女性的"口供",这究竟是什么原因呢?这种习性又是从哪儿来的呢?归根结底都是嫉妒心在作祟。

历史上也有许多男人为了嫉妒而与情敌决斗的事例,男人的嫉妒往往还会掺杂自尊和虚荣的心态,有时候甚至为了维护自己的尊严,不惜牺牲生命。男人最不能容忍的嫉妒就是女人在自己面前夸耀其他男人怎么比自己强,这个时候的男人是红了眼睛的斗士:同样是男人,凭什么他在女人眼里他就比我好?男人的嫉妒心有时候也会引发悲剧。

19世纪俄国著名的诗人普希金,在1837年2月与情敌丹特斯的决斗中身亡,他的死让人们不禁扼腕叹息。

年轻的普希金才华横溢、风流倜傥。他在莫斯科的绝色佳人冈察洛娃一见钟情,二人很快就坠入爱河。

法国纨绔子弟乔治·丹特斯在一次舞会上偶然结识了冈察洛娃,从此他便对她展开了猛烈的追求。普希金对这位突然出现的第三者感到非常气愤。他无法容忍丹特斯夺己之爱的企图。为了维护自己的尊严与名誉,普希金毅然决定要和丹特斯决斗。但是奸猾的丹特斯并没有打算公平决斗,他在普希金还没有准备好的时候便开枪击中了普希金的要害。一代诗豪终因枪伤严重,不治身亡。

嫉妒心并不是女人的专利品,一个男人对自己女友的过去刨根问底,正是说明了他的嫉妒心并不亚于女人。在影视剧中经常会出现女人因为嫉妒而犯傻做错事的故事情节，但是有时候男人也会表现出这种行为状态。当然，男人嫉妒起来或许不会像女人那样，很多时候男人会选择维护自己的面子，把郁闷和不服气都藏在心里。

假如一个男人很在意你的过去，表明他希望独自占有女人的一切。

男人很在意女人的过去也是强烈占有欲的表现。他希望对自己钟情的人可以完全地独自地占有。甚至有些占有欲过于强烈的男人，即使自己的爱人跟家族的朋友亲近，也会让他感觉不舒服。

社会上有一种很奇特的现象，在确定恋爱关系后，女人一般会把心思花费在男友的现在以及将来，对他的过去却并不十分在意，能宽容就宽容。对男人的过去不怎么追究的社会习惯，也在潜意识里影响了她的价值观。可是，社会对女人的态度恰恰相反，如果女人稍有不检点的行为就会被人们唾弃。受此影响，一向以进步、新潮自诩的男人，在内心深处也是十分在乎这一点的。所以男人在选择未来伴侣的时候总喜欢向女人问东问西。

也许你会说：男人无权过问女人的过去。这样的想法也是偏执的，或许女人可以做到"除了爱情，别的概不关心"，但是绝大多数男人都是"因为爱情，所以事事关心"。女人对此应该调整自己的认知，意气用事只会葬送眼前的幸福。如果你爱他，就要小心应对他的多疑和猜测，对自己的行为主动坦白和解释，以免引起不必要的误会。

不过男人的嫉妒表现出来的时候很含蓄，所以女人一定要仔细地观察和揣摩男人的言外之意，男人表达自己嫉妒心的时候不会直接说出来。首先，他会若无其事地问你："昨天你和某某一起去看电影了？""他一定对电影很有研究吧？你要是多跟他去看几次电影，估计很快你也能成电影专家了……"男人这样对你说话，就是在向你表示嫉妒和不满了。

4. 男人说爱你，代表他真的会娶你吗

女人都喜欢听好听的话，最具杀伤力的要数男人的那些甜言蜜语了。很多时候，明明已经对他失望透顶、决定离他而去，但是男人的好言相

劝、苦苦哀求，又总能让女人软下心来。男人的话可信度有那么高吗？

对此，不少人都说：男人的承诺、感情和理由是世界上不能相信的三样东西。有人甚至做了更加夸张的比喻：

想知道什么是神话吗？听男人向你表达爱意吧；

想知道什么叫传说吗？听男人对你的承诺吧；

想了解什么叫梦境吗？看你自己听到前两者时的反应就知道了。

更有人强烈地抨击："男人的十句里面九句都是假话，剩下的一句你还得当没听见。"事实虽然没有人们说的那样悲观，但是这些也足以说明男人的话，可信度并不高。

很多人说，婚姻是女人的第二次投胎，我们无法选择自己的父母和出身，但是在婚姻上我们可以做出自己的抉择，婚姻可以改变自己命运，是人生的另一个转折点。因此，婚姻成了女人一生不懈的追求。甚至有不少女性朋友为了换回男人的那一句"嫁给我吧"，在恋爱中甘愿付出自己的一切。

其实，就像他说喜欢你并不代表他真的爱你一样，男人说爱你，并不代表他一定会娶你。在男人眼里婚姻和爱情完全是两码事。

想要分清男人是否真的爱你，方法有很多，而要判断男人是否愿意娶你，要留意他对你说的几句话。

"我们现在挺好的"就是男人不愿意娶你的托词之一，如果他经常跟你说这句话，你就无须在他身上再浪费那么多的时间了。

男人喜欢自由也是天性。"生命诚可贵，爱情价更高，若为自由故，两者皆可抛"，足以证明自由对他们的重要性。如果你的男朋友跟你说"我喜欢自由"，这是他不愿意结婚的表现。如果你确定他是爱你的，只是不愿意结婚，你要仔细想一下，是不是你们恋爱时你就处处管制着他呢？因为有时候男人不愿意结婚最大的原因就是怕结婚后，自己会被束缚。

"婚姻是爱情的坟墓。"如果你的男朋友经常这样对你说，那么他也是不想跟你走进婚姻的殿堂。当今居高不下的离婚率，让不少年轻人对婚姻充满了恐惧。他说这句话或许只是觉得：与其要担心婚后生活，不如还是不结婚的好。

你要认清男人不愿意娶你的这几句话。口口声声说爱你，但是却迟迟不肯娶你的男人，你也没有必要在他身上浪费过多的青春。

即使男人说要和你结婚，也并不代表他会对你好一辈子。男人在夸你漂亮或者可爱的时候，不要觉得他是真的在欣赏你，这句话只是他对女人的习惯性评论罢了。

要想不被男人的谎言所蒙蔽，就一定要学会分辨。

当他找借口对你说自己没有时间，事实上并不是真的没有时间，而是不愿意把时间花费在你身上。你想跟他一起吃晚餐，他却告诉你："我晚上和朋友有个约会。"毫无疑问，对他来说你并不重要。遇到这样的托词，你还会对他抱有幻想吗？别傻了，他根本就不爱你。

他对你说："我还没有女朋友。"这并不代表他没有情人。男人说："我很专一。"那是因为他还没遇到下一目标。几天不见，他打电话跟你说："我今天挺想见你"天知道他昨天、前天是不是想着其他人。你要小心了，这样的男人大多是花心的，即使他爱你，也不会全心全意。

如果一个男人对你进行了一段长达若干年的追求，但是他一个多星期才给你打一次电话或者是看你一眼，那你就该明白，他并不是因为所谓的痴情才追求你，而是用追求的过程来满足他的成就感。或者也有可能他同时在还在追其他女人。

看男人爱不爱你，还要看他愿不愿意让你走进他的世界，会不会把他周围的朋友都介绍给你认识，最重要的是要把你介绍给他的家人，把你介绍给他家人朋友并不一定表示爱你，但是如果不介绍就一定是不爱你。

不管是美丽的谎言还是欺骗性的谎言，在生活中都会常常遇到。对于男人的话虽然不能全盘否定，但也不可太过认真！如果是平实的、对我们的生活有益处的话，完全听信也无妨。如果是一些虚无的甜言蜜语，那我们就完全把它当作笑话来听吧。

5. 别自欺了，他说这话的意思就是不再爱你了

在生活中，很多事都是无法勉强的比如说：爱情。一个男人爱不爱你，其实你自己心里是最清楚的。他的心思从日常生活中的言行里就可以看出来了，如果他总是对你说出一些敷衍的话，那么，别再自欺了，他已

经不爱你了。

很多女人都希望可以找到一个纯情的男人，可是千挑万选也没有让自己满意的。于是，她们退而求其次地选择曾经恋爱甚至有过婚姻的男人。这时，新的问题就出现了，那就是很多男人并没有从原来的情感中走出，却仍然谎称说："我和她已经没有感情了，但是她现在不愿意分手""等我好吗？相信我一定会处理好的""我一定尽快跟她脱离关系"男人说这些话，往往是想和前女友和好，万一不成功的话，也不至于失去面前的女人，从而想出的一个两不耽误的伎俩。

遇到这种男人，你千万要想清楚了，他凭什么让你等他，为他白白浪费青春？他根本就是一个不负责任又没有担当的人。他根本就不爱你，只不过是把你当作他的备胎，或者只想玩弄你的感情。这样的男人，你还是离他越远越好。

如果你的男朋友说他的父母不同意你们在一起，为了孝敬父母才不得不跟你分手。千万不要相信他的鬼话，甚至情绪激烈地要求跟他一起去找他的父母说清楚。因为如果男人这样说，如果不是他太懦弱，就是他对你根本就不是真心的，父母的反对不过是个借口罢了。如果他是真的爱你，自然会想方设法说服自己的父母。可是他根本就没有这样做，而是直接告诉你一个结果：分手。

女性朋友如果碰到这种情况，不必感到悲伤。试想一下，他因为父母的反对，就毫不犹豫地要跟你分手，就算你们以后勉强在一起了，在生活中你和他的家人稍微有一点小小的摩擦，受委屈的一定会是你。这种没主见又没魄力的男人根本不值得你爱，还是尽早摆脱吧。

他总说"我很忙"，这是男人不爱女人时最常说的话。可是很多善良的女人却偏偏坚信这句谎言。如果是对重要的事，他再忙也能抽出时间来。如果在心里他把你放在最重要的位置，说句毫不客气的话，就是天塌下来他也能抽出时间来。女人千万不要被男人忙这个理由所蒙蔽。他不爱你了，忙于想方设法地要避开你，怎么还会有时间呢？

爱情很多时候都是由友谊慢慢演变而来的，当有一天你发现你对他早已芳心暗许、忍不住跟他表白的时候，如果他以一副矜持的样子回答你说"我不是不喜欢你，但是我更不想破坏我们之间的友谊。"你就不要抱任何希望了，他这样的回答已经表明了"落花有意，流水无情"。因为如果他也爱你的话，是不会放过任何一个可以更加接近你的理由，更不会不在乎断送"友情"了。

经过几年的爱情长跑，也该要结婚了，他却说"我们还年轻"。甚至会罗列出一大堆诸如：事业才刚刚起步、婚后生活开支会很大等一系列冠冕堂皇的理由，目的只有一个，就是现在不能结婚。等了这么多年，结婚的时机早已成熟，他却迟迟不肯娶你。其实，不是你们还年轻，而是他不爱你了，你并不是他想要结婚的对象。

"我刚离婚，想慢慢来"说这话的男人，他身边的女人可能不止你一个。刚离婚的男人确实需要一段时间来重新接受另一段感情，这也无可厚非。但是如果他是真心喜欢你，就不会对你若即若离，他会迫不及待地昭告天下对你的所有权。他一直告诉你"慢慢来"，并且用这种借口解释他和别人之间的暧昧，你就不必在他身上白费心思了，他并不爱你，只是把你当作他消磨时间的工具罢了。

女人千万不要花费巨大的精力来解决"失踪男人之谜"，当一个男人开始跟你玩失踪，你动用所有的联系方式都找不到他，你每天都为他担心，可是过了一段时间他又突然出现在你面前，不管你怎么追问，他都回答你说是："心情不好，出去散心了。"你也不要再找借口安慰自己了，如果他爱你，就不会让你为他担心，他去哪里都会提前告诉你。唯一的解释就是，他不再想和你在一起，但是又不敢直接跟你说。不要再自讨没趣了，直接向他提出分手，然后潇洒离去，因为这样的男人根本就配不上你。

6."等我事业有成了再来娶你"

现代社会生活压力越来越大，结婚并不是简单的交个朋友那么简单，房子、车子都是需要解决的问题，很多男人都觉得目前自己根本无法承担属于自己的责任，怕给不了心爱的她幸福、安逸的生活，所以他们迟迟不敢向女友求婚。

俗话说"贫贱夫妻百事哀"，男人的自尊不允许自己在没有足够经济基础的条件下就把自己心爱的女人娶回家。男人总是以"等我事业有成了再来娶你",来安抚自己的女人提出的结婚建议。"难道只有事业有成才能结婚吗?"女人往往对这个答案感到委屈。

男人往往会安慰说:"等我事业有成了,才能养得起你,那个时候我才有资格娶你。"男人觉得这就是爱女人的表现。

女人却不这么认为:他也是想让自己过上好日子,这一点确实挺让人感动。但是,结婚就一定要等到男人事业有基础有成就了吗?现在相处的不也是好好的吗?等到他事业有成了,说不定自己也人老珠黄了,那时候他身边会有更多年轻漂亮的女人等着他了。又或者,他过了好多年还是成就平平,那是不是让我一直等到满头白发呢?

所以,男人和女人在对事业和婚姻的态度上就起了争执。女人认为:古人都说了成家立业,当然是先成家后立业,结婚不一定非要等到男方事业有成。结婚后两个人可以一起为幸福打拼,这不也是一种幸福吗?男人却认为:我现在一事无成,结婚的花销也不是一笔小数目,没有钱怎么结婚?所以必须先立业后成家。双方互不相让,结果往往以分手告终。

不久前,孙倩和男友苏雷这对让朋友们都很羡慕的情侣分手了,他们恋爱两年了,感情也一直很好,很多朋友对他们的分手都百思不得其解。

说起分手的原因,两个人都显得很无奈。他们两个今年都是27岁,按理说也到了该结婚的年龄。但是苏雷迟迟不想结婚,孙倩觉得自己年龄已经不小了,她等不起,两人只好分手。

"他说他是真的爱我,但说如果现在结婚还太早。我真不明白,他为什么非要拖到30岁以后再结婚。"孙倩委屈地说。

苏雷却说:"我们俩现在没房又没车的,怎么结婚?况且刚读完研究生,工作还没半年呢,哪有能力承担起一个家庭。"他表示,不想现在结婚,最主要的原因就是自己还没有做好物质准备。

男人认为,没有事业就等于没有足够的能力来供养妻小。所以男人不愿意在自己事业还没有建立起来的时候就结婚。

"一分钱难倒英雄汉",男人觉得没钱是他们最大的悲哀:有钱,就可以财大气粗、扬眉吐气,没钱则处处掣肘、低声下气。所谓的男子汉气概,就是要兜里有钱。

或许有的女人会说：我爱他，就算他没钱我也愿意嫁。但是男人却认为，养家糊口是自己与生俱来的职责，没有良好的条件，怎么好意思娶她呢？如今房价不断高涨，哪怕是高薪也很难逃避高昂的房贷。不努力打拼事业能行吗？

鲁迅先生也曾说"没有经济基础，爱情就是空中楼阁"。爱，也确实是需要经济基础的。有责任心的男人不希望自己心爱的人结了婚以后跟着自己受苦。男人都希望能够风风光光地把老婆娶进门，更不想在将来自己的妻子因为忍受不了贫穷而离开他们。

男人认为，没有事业，没有牢靠的工作，就没有自信。他们都不愿意窝窝囊囊地过一辈子，事业是男人钱财和信心的来源，没有事业基础，男人便会自卑。

男人的自信很多时候是与事业的成功是成正比的。多数的男人都经历过没钱的烦恼和自卑。现在的社会竞争那么激烈，男人不想自己轻易地就被淘汰，只有事业稳定才能让男人有信心和基础谈未来。没有了爱情，还可以有面包来填饱肚子；然而没有面包，爱情就会变得更加遥不可及。这就是很多男人眼里事业比爱情更加重要的原因。

虽说现在有很多女生很现实，对结婚的要求是房、车缺一不可。但是那些为了爱情而甘愿吃苦的女生也不在少数。要想早早和深爱的他进入婚姻的殿堂，女人就要懂得好好修炼自己。如果你本身也很优秀，又不追求物质。在男人打拼事业的时候还是他的得力助手和坚强后盾。那么不用你催，他肯定会迫不及待地想要把你"这块宝"娶回家。

7. 男人劈腿："只是玩玩而已，我并不爱她"

最让女人反感的就是男人的谎言，特别是自己的老公有了外遇时的谎言。可是偏偏撒谎又是男人的天性。

当妻子开始抱怨男人回家越来越晚时，男人辩解的理由比谁都充分：我也不想这样啊，然后就说自己工作忙了、朋友多了、应酬多了等一大堆理由。最后还会反问你，难道你希望自己的男人天天在家里游手好闲吗？

如果这真是你希望的,那我以后连上班都不用去,天天在家陪你岂不更好?男人的这些说辞常常让女人无言以对,想要反驳却找不到合适的理由。

那些冠冕堂皇的谎言对男人来说是可以信手拈来的,你对男人的谎言又了解多少呢?我们又该怎样辨别这些谎言呢?

我们都知道谎言大体可以分为两种情况:一种是为了不想让听到事情真相的人担忧、伤心、难过而说的一种假话,这种假话被称为"善意的谎言"。另一种假话则是为了逃避责任或者义务而通过谎言来掩盖事情的真相,这种谎言往往会给事情带来严重的不良后果。

那么男人外遇时的谎言是属于那种呢?男人和女人对此的看法完全不同。

男人们认为:外遇后的谎言属于善意的谎言。他们觉得外遇只是逢场作戏,想与异性玩玩而已,外遇只不过是生活的调剂品。老婆或女友要是知道了难免会伤心难过,只要骗过她们,就不会出任何问题。所以外遇的男人把撒谎当作理所当然。

而女性同胞们则认为:男人外遇时的假话是不可饶恕的恶意谎言。她们觉得,男人的外遇本身就是对她们的家庭、情感诺言的背叛,这时候男人的谎言就是一颗定时炸弹,如果不及时破解,随时都会爆炸。难道这样的谎言还不够可怕、后果不够严重吗?

其实,男人的谎言表面上看起来天衣无缝,但是只要我们仔细推敲,总能找到一些蛛丝马迹。

"亲爱的,我近段时间都比较忙,可能与你在一起的时间比较少了。"这是男人外遇刚开始时最喜欢说的谎言,其实这句话暗示着说他与别的女人时间多了。男人之所以喜欢用这句谎言是因为他们认为说自己忙,一方面让女人觉得他工作积极,晋升机会也多了;另一方面就是让女人认为他没有时间找别的女人。除非你亲眼看见他一天从早忙到晚,否则女人们还真要好好掂量掂量这句话的可信度了。

"老婆,我还有很多事情要处理,晚上还有几个应酬,估计得很晚回来,你就先睡吧,不要等我。太晚的话我就住朋友家了,你只管安心睡吧。"这么温柔动听的话语,却是有了外遇夜不归宿的男人最惯用的谎言。当然也有男人不说,或者干脆等老婆问了之后才回答。

"老婆我还是爱你的，跟她只是玩玩而已，我并不爱她。"这是男人被发现有了外遇时，最爱用的说辞。还有一些脸皮厚的男人甚至说："是她一直缠着我不放的。"这时如果女人表现得非常生气，再对他严厉点或者说要跟他离婚，他就会赶忙道歉："对不起，老婆，都是我的错，我下次再不敢了，求你原谅我这一次，好吗？"这些话十有八九都是迫于当时对他的不利条件才不得不说出的谎言，女人们千万不可完全相信。当然这些谎言大部分还是爱着老婆或者说是不想离婚的前提下说出来的，如果他是打着离婚的注意，就连这些谎言都不会说了。

还有一些男人把外遇当作理所当然，当他们外遇的事情败露后，还理直气壮地说："你也太小心眼了吧，现在哪个男人能没有外遇？除非他是个不折不扣的穷光蛋。"他认为他只是犯了全天下男人都会犯的错。"我又没有把她带回家。"虽然说这样话的男人绝大部是有一定经济实力的男人，但同时也是缺乏责任心，又一点儿也不懂得自重的男人。

"对不起，我会给你补偿的。"这是外遇后又打算离婚的男人常说的话。但是女人的青春男人永远补偿不起。有些男人会说："你可以找一个比我更好的男人。"这句话太假了，当初结婚的时候怎么不这样说？还有男人说："其实我们真的不合适。"以前怎么不说不合适啊，现在有了新欢了就不合适了。

了解了这些男人有外遇时常用的谎言，女人最好要细心点，留意一下自己的老公是不是经常撒这样的谎，及时防患没有坏处。

8. 男人为什么爱说谎

"老公，这件衣服我穿着好看吗？""好看，我老婆穿什么都漂亮"这是我们在商场里经常听到的对话。也许此时的他，注意力根本就没放在女人身上，但有的女人还是会心里美美的，转身再去换另一套衣服；而有的女人只会噘起那张小嘴，然后抱怨道："你连看都不看我一眼，怎么就知道好看！"

其实，聪明的女人应该明白，男人撒谎，有时候无非是为了躲避不必要的麻烦、炫耀一下成就、保全自己的面子、吸引一下对方的注意，以及维护内心根深蒂固的大男子主义念头。男人们像一个上了发条的玩偶，在谎言的旋涡里忙碌并乐此不疲。

那么，在面对男人的谎言时，我们是选择拆穿还是给他面子不拆穿呢？聪明的女人从不忙着拆穿他们的谎言，懂得静观其变，只有傻女人才会迫不及待地指责他们："你对我说谎了！"

罗雯的老公孟南在进家门之前，吐出了嚼了一路的口香糖，然后用双手围着嘴呵了口气，闻了闻，确认没有异味，这才摸出钥匙开了家门。此时的罗雯正在沙发上坐着看电视，见到老公进门，第一时间就上前问道："你干吗去了？"孟南漫不经心地回应："不跟你说了吗？单位应酬，和老张他们一起吃饭去了。"罗雯凑到老公嘴边使劲儿闻："吃口香糖了吧？你现在挺会装的啊！您老先生一晚上抽了几包烟啊？"

孟南不以为然地打着哈哈："我这是吃大蒜了，怕熏着你，没抽。不早跟你说好不抽了吗？""是啊，早跟我说好了，还跟你儿子说好了呢！"罗雯的声音越来越大，"你有本事再说一次你没抽！李姐晚上也在'五洲'吃饭，看得清清楚楚。你跟一堆人吞云吐雾，跟上了黄山似的！你要承认了也就算了，还骗我！"

孟南马上解释："应酬嘛，一两根难免的，我自个儿的时候绝对没抽。""拿应酬说事儿，你就接着编吧你！今天早上我上网，上面有个投票，问老婆只让老公在阳台抽烟过不过分，你投的'太过分了'是吧？你别以为我不知道，你就是觉得我太过分了。你就应该抽，抽得跟你爸一样得肺癌，让我和儿子都吸二手烟！我不让你抽烟还是害你啊！你说你，自己做了坏事还撒谎，你还有点儿责任感吗？"

孟南觉得太阳穴直跳，赶紧诅咒发誓以后再也不抽了，让这场风波平息下去。但自此以后，罗雯的检查更加严格了，别说嘴里有烟味，就算嘴里有口香糖味，也是抽烟的证据。有时孟南没抽烟，罗雯也觉得他是在撒谎，少不了又是一顿教训。孟南虽然不和她计较，但是心里越来越烦，越来越不想回家……

而邻居肖兰却是一个聪明的女人，她的老公是一位麻将高手，喜欢下班后和朋友摆方阵。每天深夜回家，肖兰自然是不满意。有一次差点发作，但又一想便没有正面出击，而是采取了以退为进的糊涂战略。

丈夫晚归的理由总是很多，"单位加班！""出去陪客人吃饭""公司开会""朋友过生日"……肖兰心如明镜，只是从来不去揭穿他的谎言。每当丈夫撒谎的时候就装糊涂，任由他把谎话继续说下去。时间久了，丈夫反倒是觉得内心愧疚，终于有一天红着脸跟妻子坦白，并表示再也不那么做了。他说：他对不起如此宽容大度的妻子！

在这个快节奏的社会里，男人有的时候需要逃避，他需要一个属于自己的空间，如果自己的女人无法满足男人的这个愿望，男人往往会用撒谎来暂时逃避一下压力。女人不要把谎言当成生活中的洪水猛兽，男人的大多数谎言没有恶意，只是为了避免不必要的冲突或摩擦。男人撒谎，大多是为了让你更好受，或者让他自己更好受。你大可不必对这样的谎言耿耿于怀、不依不饶，甚至上升到道德品质的高度。

很多时候，糊涂是一种美德，它会让你和你的感情更加轻松自如。聪明的女人在面对男人的谎言时总是不吵闹，不斤斤计较，在适当的时候保持沉默，给男人一个反省的时间。这不是置之不理，而是要让男人知道：我知道你在说谎，但是我不揭穿你，因为我爱你！他终究会体会到你的良苦用心，也就会迷途知返了。男人是个说不得的孩子，吃软不吃硬，对他宽容一点，才是处理问题的良策。

当然，老公撒谎，作为妻子的你也是有一半责任的。如果男人总是对你撒谎，那你应该反省自己的态度和行为。是否对他过于控制？是否对他不够信任？是否对他不够尊重？是否言辞过于激烈？要意识到，对方只是问题的一半，而你是那另一半。撒谎的本质在于夫妻沟通出了问题，对方无法真实、坦诚地表达想法。

无论怎样，女人都要明白，男人对你说谎，最重要的是他为什么要说谎。所以在发现男人的谎言的时候，你就要仔细考虑他说谎的动机，再决定要不要揭穿他。对待不同的谎言和不同的人，要有不同的态度。对待自己的男人，应该多一些宽容和谅解，只要不触犯原则，两个相爱的人又有什么可计较的呢！